Mosaiksteine meines Lebens

HELENA NEUHAUS

Mosaiksteine meines Lebens

Autobiographisches, Gesellschaftsthemen, Wirtschaftskritik

für Emil

Bibliografische Information der Deutschen Nationalbibliothek:
Die Deutsche Nationalbibliothek verzeichnet diese Publikation in der Deutschen
Nationalbibliografie; detaillierte bibliografische Daten sind im Internet über
dnb.dnb.de abrufbar.

© 2020 Helena Neuhaus
Satz, Umschlaggestaltung, Herstellung und Verlag: BoD –
Books on Demand, Norderstedt
ISBN: 978-3-7494-2766-6

Inhalt

Vor 45 Jahren

Vision über meine Initialzündung des Schreibens

Schreiben! – Schreiben? – Schreiben als Lebensaufgabe? – Ja, aber nicht sofort.

Es war 1975 in einer Nacht im Busch, im nördlichen Kenia. Das Trommeln der Kikuyu und die Tänze der Frauen hatten mich nahezu in Trance versetzt. Am pechschwarzen Himmel funkelten die Sterne, und es schien mir, dass sie mir das Wort «Schreiben» zuriefen, immer und immer wieder. Ich vergass meine Umgebung und wurde erst wieder wach, als jemand an meiner Schulter rüttelte und rief: «Komm, die Show ist vorbei!»

Etwas widerwillig stand ich auf, noch ganz benommen, doch ich hatte meine Pflicht zu erfüllen. Ich sammelte die von mir betreuten Gäste ein, lief mit ihnen zum Bus, der uns in einer 1,5-stündigen Fahrt zurück zum Hotel Lawfords in Malindi führte. Die Hotelbar war bereits geschlossen, und so trottete ich zu meinem Bungalow, öffnete die Tür, machte Licht und war erfreut, heute keine dicken Regenwürmer oder Insekten mit dem Besen vor die Tür hinauskomplimentieren zu müssen. Ich legte mich aufs Bett, unter das Moskitonetz und versuchte, zu schlafen. Doch der Ruf «Schreiben» hallte weiterhin in meinen Ohren, bis ich mich entschied, aufzustehen. Ich ging ins gegenüberliegende Büro und setzte mich an meine kleine, hellgraue, mechanische Triumph und begann, zu schreiben. Ich begann bei meiner Geburt und schrieb mehrere Seiten, bis ich mich kurz vor dem Morgengrauen doch noch entschloss, ein paar Stunden zu schlafen.

Kenia war meine vierte Saison als Residentreiseleiterin (damals Hostess) für den Schweizer Touroperator Hotelplan, und ich hatte nicht die geringste Absicht, mit diesem Beruf in absehbarer Zeit aufzuhören. Asien und Südamerika standen auf meiner Wunschliste – vorher würde ich mein Leben als Vagabundin sicher nicht aufgeben. Wobei der Begriff Vagabundin nicht zutreffend ist, denn meine Aufgaben waren vielfältig sowie zeitintensiv, und ich musste viel Verantwortung tragen.

In dieser denkwürdigen Nacht kam ich zu dem Schluss, dass ich nach Abschluss meiner Tätigkeit als Reiseleiterin Journalistin werden wollte, und zwar Reisejournalistin, um über ferne Länder zu berichten. Klar war für mich, dass ich nicht nur über die Schönheit und Besonderheiten dieser Länder schreiben würde, sondern vielmehr über die Konflikte zwischen Einheimischen und Tourist*innen, über das damals noch zutiefst verankerte eurozentristische Denken, die Arroganz vieler Reisenden, von denen ich manchmal den Eindruck hatte, ihr einziger Grund zu reisen sei der Wunsch nach der Bestätigung, dass in der Schweiz sowieso alles viel besser sei.

Von da an hatte ich ein Ziel, an dem ich trotz vieler Stolpersteine festhielt, bis ich 1985 – zehn Jahre später – die blaue Tür am weissen Haus des Medienausbildungszentrums Luzern (MAZ) durchschritt. In diesem Moment fühlte ich mich wie im siebten Himmel; es war ein tranceähnlicher Zustand – wie 1975 in der Nacht im kenianischen Busch.

Prolog

Mosaiksteine meines Lebens

Den Wunsch, meine Autobiographie zu schreiben, hege ich seit Jahrzehnten, doch erst 2016, als sich meine Erwerbstätigkeit dem Ende zuneigte, wurde daraus ein Projekt. Von Anfang an war mir klar, dass es keine chronologische Geschichte mit literarischem Anspruch geben würde, dafür verlief mein Leben viel zu bruchstückhaft. Irgendwann entwickelte sich das Bild eines Mosaiks mit vielen Steinen unterschiedlicher Grösse und verschiedener Farben.

Die Aufteilung meiner Lebensthemen in «Mosaiksteine» führt zu gewissen Wiederholungen (Redundanz), bietet indes den Vorteil, dass die Leserin, der Leser, irgendwo einsteigen kann.

Ich war seit jeher ein vielseitig interessierter Mensch und hatte immer wieder Lust, zu verändern und Neues zu lernen. Als ich vor Jahren anlässlich einer Seminarübung die Aufgabe hatte, was ich tun möchte, wenn ich – bei guter Gesundheit – noch 100 Jahre zu leben hätte, fielen mir unzählige Dinge ein, die ich gern tun wollte.

Vielseitige Interessen sind indes nicht nur ein Vorteil, sie hindern oft auch, sich auf etwas zu fokussieren und in diesem Bereich erfolgreich zu werden. Ich betrachte mich zwar als zielorientierter Mensch, allerdings haben sich meine Ziele in meinen knapp 50 Berufsjahren öfter verändert, was zu häufigen Berufswechseln führte. Mein Werdegang ist das Gegenteil von geradlinig, doch jede Lebensphase hat mich in verschiedener Weise geprägt und deshalb gefällt mir das Bild eines bunten Mosaiks als Metapher für meine ungewöhnliche Biographie.

Roter Faden

Trotz der Verschiedenheit einzelner Phasen zieht sich, seit ich denken kann, ein roter Faden durch mein Leben: Der Anspruch, etwas Sinnvolles zu tun, in welcher Form auch immer. In meiner Kindheit und Jugend war es die Mitarbeit im elterlichen Gastrobetrieb, in den Tourismusjahren die Dienstleistung für die Gäste, die ich zu betreuen hatte, im Journalismus das Streben nach engagierten Artikeln, um in Theorie und anhand konkreter Beispiele aufzuzeigen, dass ein soziales und ökologisches Wirtschaften sinnvoller ist als Gewinnmaximierung, bei den diversen ehrenamtlichen Arbeiten der Wille, etwas für die Gesellschaft zu tun, und als ich mich schliesslich selbständig machte, waren es die Anregungen, die ich den Teilnehmenden von Seminaren und Teamentwicklungsprozessen vermitteln wollte, um sie in ihrer Persönlichkeitsentwicklung und in ihrer Bereitschaft, Verantwortung zu übernehmen, ein Stück weiterzubringen. Das tat ich allerdings nie missionarisch, sondern mit Respekt für das Individuum, mit Argumenten der Vernunft bzw. der Philosophie oder ganz einfach mit Aussagen des Dalai Lamas, der für mehr Empathie für Mitmensch und Umwelt plädiert. Soweit ich es aufgrund zahlreicher Rückmeldungen von Personen aus verschiedenen Bereichen beurteilen kann, ist mir dies öfter gelungen, was mich nicht daran hindert, mich immer wieder zu fragen, ob ich genug getan habe.

Als ich vor vier Jahren an meiner Autobiographie zu schreiben begann, standen drei meines Erachtens für die Weiterentwicklung der Menschheit bedeutende Bereiche im Vordergrund, die ich – neben meinen eigenen Geschichten – thematisieren wollte: Mein Wirtschaftsverständnis, der frühe Aids-Tod eines homosexuellen Freundes und damit die Bedeutung der heutigen LGDTQIA+-Bewegung sowie der Vegetarismus. Seit 2016 zeigen sich in allen drei Bereichen einige positive Veränderungen, wobei diese bei weitem nicht ausreichen.

a) Die Wirtschaft braucht Wandel

Als frühere Wirtschaftsredaktorin beobachtete ich das Geschehen in den letzten 20 Jahren mit wachsendem Unbehagen und zum Teil mit Empörung, zum Beispiel, wenn Ewiggestrige, wie der ultraliberale Financier Tito Tettamanti, weiterhin die konsequente Gewinnmaximierung als oberstes Ziel der Unternehmensführung fordern (vgl. Interview im Tages-Anzeiger vom 07.09.2019). Und er machte sich – auf die Frage des Interviewers, Markus Diem Meier – über rund 180 Chefs von grossen US-Konzernen lustig, die sich öffentlich von der Idee verabschiedet haben, die Steigerung des Aktienwertes als einziges Ziel der unternehmerischen Tätigkeit zu betrachten, ohne Rücksicht auf Mensch und Umwelt. Offensichtlich hat der Financier nie etwas von Professor Hans Ulrich von der HSG – der frühere Name der Universität St.Gallen – gelesen, der noch bis weit in die 1980er Jahre «die soziale, ökologische Marktwirtschaft» als Ziel eines verantwortungsbewussten, unternehmerischen Handelns gelehrt hat. Doch auch andere Marktteilnehmer zeigten selbst nach der Finanzkrise von 2008 keine Bereitschaft, ihre einseitige Ausrichtung auf Gewinn zu ändern.

Auf der anderen Seite wird in jüngster Zeit wieder häufiger thematisiert, dass bei unternehmerischen Entscheiden alle Stakeholder einbezogen werden sollen, zum Beispiel Mitarbeitende, Umwelt, politisches Umfeld, ethisch ausgerichtete Finanzinstitute und weitere. Von klugen Ökonomen wird nüchtern aufgezeigt, dass ein soziales und ökologisches Bewusstsein *kein* Gegensatz zur Marktwirtschaft ist, sondern eine Frage der Vernunft. Dass Unternehmen für ihr Handeln Verantwortung übernehmen müssen, ist gerecht, in der Schweiz und im Ausland. Es bleibt zu hoffen, dass die Konzernverantwortungsinitiative im November 2020 angenommen wird. Detaillierte Ausführungen über mein Wirtschaftsverständnis beschreibe ich im Mosaikstein «Wirtschaftskritik».

b) LGBTQIA+-Personen sind gleichwertige Mitglieder unserer Gesellschaft

Auf gesellschaftlicher Ebene staune ich über die Entwicklung, die sich in jüngster Zeit gegenüber der LGBTQIA+-Bewegung ergeben hat. Ich habe die Thematik im Kapitel über Peter Häcki ausführlich beschrieben. Die Volksabstimmung vom 9. Februar 2020 über das «Verbot der Diskriminierung aufgrund der sexuellen Orientierung» wurde mit 63,1 % der Wählerstimmen deutlich angenommen. Nichtdestotrotz sind Hassäusserungen und Gewalt gegen homosexuelle Menschen gerade jetzt (Februar 2020) wieder aktuell. Möge es eine letzte Rebellion von Ewiggestrigen sein, die partout nicht kapieren wollen, dass unsere Gesellschaft aus Vielfalt besteht und jeder Mensch, egal, welcher Herkunft und Orientierung, das Recht hat, respektiert zu werden. Selbstreflexion ist angebracht und die Bereitschaft, in Gesprächen das Anderssein zu verstehen. Mit Neugierde auf anders tickende Menschen zugehen und zu versuchen, sie zu verstehen, ist die bessere Strategie als – vielleicht aus Angst vor der eigenen Sexualität – Gewalt anzuwenden. Eine auf Frieden ausgerichtete, empathische Verhaltensweise ist übrigens auch in anderen Lebensbereichen sinnvoll.

Tatsache ist zurzeit weiterhin, dass eine gewisse Offenheit erst in Teilen der westlichen Welt existiert. Es müssen weltweit Berge versetzt werden, bis Menschen nicht mehr aufgrund einer anders gelebten Sexualität, als die Norm es vorschreibt, diskriminiert werden. Arbeiten wir alle darauf hin, dass es nicht nochmals Jahrhunderte dauert.

c) Vegetarisches und veganes Essen wird heute anerkannt

Das dritte Grundthema, das sich in jüngster Zeit in eine positive Richtung entwickelt hat, ist der Trend zu vegetarischem und veganem Essen. Ich selbst bin seit fast 30 Jahren Vegetarierin. Den Anstoss gaben mir 1989 Schulmediziner in der damaligen Heilfastenklinik Buchinger in Überlingen. Erst dort wurde mir bewusst, was ich Jahre zuvor in der Wirtschaftsgeographie gelernt hatte, wie hoch der Verschleiss von Ressourcen ist, wenn man zuerst Tiere ernähren muss, bis deren Fleisch von Menschen verzehrt werden kann. Erstmals erfuhr ich dort mit wirklich offenen Ohren über die unglaublichen Qualen, die Tiere bis zu ihrer Tötung erleiden müssen. Die drei Ärzte der Klinik waren keine Fundamentalisten, doch sie zeigten uns mit fundiertem Fakten- und Zahlenmaterial die Folgen des Fleisch- und Fischkonsums auf.

Seit wenigen Jahren haben die Medien die Thematik über den Sinn von vegetarischem und veganem Essen aufgenommen, mehrheitlich auf einer professionellen, undogmatischen Ebene. Längst müsste in der Mehrheit der Bevölkerung ein Bewusstsein vorhanden sein, dass Fleischverzicht eine Sache der Vernunft ist. Oft staune ich über die harsche Kritik in Leserbriefen, die um ihren Fleischkonsum kämpfen, als ginge es um ihr Leben. Es braucht ja nicht zwingend den vollständigen Verzicht. Die Reduktion auf drei Mal pro Woche Fleisch oder Fisch würde ausreichen, um den Nutztierbestand ganz massiv zu reduzieren — und damit die Massentierhaltung. Gleichzeitig gäbe es mehr Flächen für den Anbau von Soja und Getreide, die nicht der Tierfütterung dienen, sondern direkt zu Nahrung für Menschen verarbeitet werden.

Früher musste ich mein Essverhalten immer erklären, und ich sagte stets: Ich esse aus ökologischen, ökonomischen und ethischen Gründen weder Fleisch noch Fisch. Wenige interessierten sich dafür, genauer verstehen zu wollen, was ich damit meinte. Dank erfreulich häufiger und umfassender Berichterstattung über den Sinn der vegetarischen und veganen Ernährung ist die Information heute in all ihren Details für jede und jeden in (fast) allen Medien zugänglich.

Geburt, Herkunft und Würdigung meiner Eltern

Ich verdanke meine Geburt der ‹Chilbi›

Als ich im Juli 1952 geboren wurde, erfüllte sich der Wunsch meiner Eltern nach einem vierten Kind. Mein Bruder wurde im April 1941, meine Schwestern im Februar 1946 und im Januar 1949 geboren. Ich war für den Frühling 1952 geplant, nur: Die Schwangerschaft liess auf sich warten. Meine Mutter war im Mai 1951 bereits 39 Jahre alt geworden. Fast wollten sie sich mit den drei Kindern zufriedengeben, doch dann kamen die Vorbereitungen für die ‹Chilbi›, die Fribourger Variante eines Festes, vergleichbar mit dem Erntedankfest. Für unseren Gastgewerbebetrieb hiess dies: Unzählige aufwendige Vorbereitungen für den zweiten und dritten Oktobersonntag, an denen das Schlemmerfest stattfand. Das traditionelle Chilbi-Menü bestand aus mindestens fünf bis sechs Gängen. Zuvor gab es gesalzene Brezeln, die zum Apéro mit feinem Weisswein serviert wurden, während die süssen Brezeln und die Chüechli beim Kaffee auf den Tisch kamen.

Anfang Oktober war also der traditionelle Chüechli-Abend – an dem ich später selbst Jahr für Jahr mit Vergnügen mitwirkte –, und obwohl mindestens sechs bis acht Personen engagiert arbeiteten, ging es immer locker und fröhlich zu und her. Und wenn gegen 22:00 Uhr die rund 300 Chüechli gebacken waren, setzten sich alle an den grossen Tisch im Office und freuten sich nach der stundenlangen ‹Süsse› auf etwas Gesalzenes. Es gab Wurst, Käse, Brot und viel Wein, alle waren in Hochstimmung.

Gut gelaunt legten sich meine Eltern in ihrem ‹Guggerli› ins Bett, ein winziges Kämmerlein, das sich eingeklemmt zwischen dem alten und dem neuen, noch nicht fertig gebauten Gasthof befand. Meine Eltern waren bis zu ihrem Tod felsenfest davon überzeugt, dass ich in dieser Nacht gezeugt wurde, zumal meine Mutter kurz darauf mit den üblichen Anzeichen schwanger war. Neun Monate später wurde ich geboren.

Der 4. Juli 1952 war ein aussergewöhnlich heisser Sommertag, als sich meine Geburt mit unglaublicher Langsamkeit ankündigte. Und obwohl meine Mutter jedes Mal eine schwere Geburt hatte, litt sie diesmal mehr unter der Hitze, zumindest hat sie mir mehr als einmal folgende Anekdote erzählt: Die Krankenpflegerin fragte: «Avez-vous mal, Madame?» Und meine Mutter antwortete: «Je n'ai pas trop mal, mais chaud, chaud, chaud!!!» Doch es gab keinen Ventilator, und sie musste neben den Geburtsschmerzen auch noch diese Hitze ertragen.

Ich hatte das enorme Glück, als Kind in einem kleinen Dorf aufzuwachsen. Ich konnte mich mit meinen Dorfkameradinnen und kameraden stundenlang in den Wäldern austoben, am Fluss spielen, verrückte Streiche ausdenken und verüben. Danach luden wir die Dorfgemeinschaft zur Versöhnung zu einer selbst inszenierten Zirkusveranstaltung ein.

Unabhängigkeitsstreben in die Wiege gelegt

Was das Geburtsdatum – der 4. Juli – anbelangt, so war ich mein Leben lang stolz darauf, handelt es sich doch um den Unabhängigkeitstag der USA und eine grösstmögliche Unabhängigkeit war und ist mir mein gesamtes Leben lang sehr, sehr wichtig gewesen. Kaum hatte ich Sprechen gelernt, reagierte ich ‹bockig›, wenn mir jemand unnötigerweise helfen wollte. «Säube!!!» (= selber), schrie ich meine Schwestern an – zumindest haben sie mir das bis ins Erwachsenenalter vorgehalten.

In der Tat spürte ich seit meiner Kindheit einen unbändigen Drang nach Selbständigkeit. Als Teenager und junge Erwachsene verkündete ich meiner Familie immer wieder, dass ich niemals heiraten, mich keinem Mann unterordnen und auch keine Kinder haben würde. Ein Teil meiner Verweigerung lässt sich mit den unzähligen Hochzeitsmessen erklären, an denen ich in unserer Dorfkirche teilgenommen hatte. Jedes Mal wurde dem Hochzeitspaar gesagt, dass sich die Frau dem Mann unterordnen müsse, und beide mussten sich ewige Liebe schwören, «bis dass der Tod euch scheidet». Die Frau verlor ihren Familiennamen und ihr Bürgerrecht und durfte nur dann erwerbstätig sein, wenn der Ehemann einwilligte. Diese Art von Abhängigkeit wollte ich auf gar keinen Fall akzeptieren. Es macht mich bis heute wütend, wenn ich an diese Ungerechtigkeit zurückdenke. Im Alter von 54 Jahren habe ich dann doch geheiratet, aber nur, weil es mein langjähriger Lebensgefährte so sehr wünschte. Meinen Familiennamen und mein Bürgerrecht habe ich behalten – und im Schweizer Eherecht ist die Gleichstellung von Ehepartnern inzwischen geregelt.

Parallel zum Drang nach Selbständigkeit und Unabhängigkeit habe ich seit jeher ein ausgeprägtes Verantwortungsgefühl für andere und für mich selbst eine konsequente Haltung von Selbstverantwortung. Dazu zählt auch meine Gewohnheit, den Fehler zuerst bei mir selbst zu suchen und nicht bei anderen, wenn etwas schiefgeht. Dies tat ich damals spontan, später lernte ich in einem Seminar zum Thema Persönlichkeitsentwicklung, dass dies die ‹richtige› Strategie ist. Warum: Wenn ich selbst die Verantwortung übernehme, kann ich etwas verändern; wenn ich anderen die Schuld gebe, bin ich machtlos, denn eigenes Verhalten lässt sich einfacher als das anderer verändern. Im NLP gibt es den Grundsatz: «Es gibt keine Fehler, nur Feedback», was bedeutet: Wenn ich mit einem Resultat, einer Wirkung *nicht* zufrieden bin und selbst dafür die Verantwortung übernehme, dann kann ich mir überlegen, was ich selbst anders machen muss, um das gewünschte Resultat zu erzielen. Als ich – sehr viel später – das Buch «Prinzip Selbstverantwortung» von Reinhard Sprenger las, fühlte ich mich nochmals bestätigt. Für das eigene Tun und deren Resultate selbst die Verantwortung zu übernehmen, macht frei. Wenn ich andere beschuldige, mache ich mich abhängig.

Meine Kindheit verlief harmonisch und unkompliziert, meine Eltern förderten meinen Drang nach Selbständigkeit, indem sie mir schon früh Aufgaben übertrugen, für die ich zuständig war. In unserem

Gastgewerbebetrieb in einem kleinen Dorf war es üblich, dass alle Familienmitglieder mitwirkten, vor allem an Wochenenden und in den Ferien der Angestellten. Ausserordentlich war, dass Papa uns Kindern Stundenlohn zahlte. Sobald ich schreiben und rechnen konnte, musste ich über meine Einkünfte Buch führen. Sein weiser Rat, den ich mein Leben lang befolgte: «Du darfst nie mehr ausgeben, als du eingenommen hast.»

Ein übliches Sackgeld, über das ich frei verfügen konnte, erhielt ich ebenfalls. Ich ging mit meinen Einnahmen sehr sparsam um und gab sie nicht für Unnützes aus. Meine grösste Ausgabe waren Bücher. Den grössten Teil meines Geldes hortete ich auf der Sparkasse des Dorfes, wo es damals noch mit guten Zinsen sicher aufgehoben war.

Und noch etwas ist seit meiner Kindheit ein wichtiger Grundsatz: Irgendwann erhielt ich von irgendwem den Rat: «Was du nicht willst, das man dir tu, das füg' auch keinem anderen zu.» Das schien mir fair und sinnvoll und prägte mich stärker als die vielen Ver- und Gebote, die ich vom Dorfpfarrer als Vorbereitung zur Erstkommunion lernen musste und als Sünde beichten sollte. Von einigen verstand ich nicht einmal deren Bedeutung. Als ich während des Religionsunterrichts in der Vorbereitung zur ersten Kommunion war und den Pfarrer fragte: «Was heisst unkeusch?», wurde er wütend, und ich musste vor der Tür stehen. Eine Antwort erhielt ich nicht. Als ich die Frage am Mittagstisch (vor Eltern, Geschwistern und Angestellten) nochmals stellte, herrschte betretenes Schweigen. Meine Mutter versprach, es mir abends vor dem Einschlafen zu erklären. Ich erinnere mich nicht, welche Worte sie dafür gefunden hat. Beim Pfarrer kam es mehrmals vor, dass ich wegen einer Frage vor die Tür musste, auch dann, als ich wissen wollte, warum er so sicher sei, dass nur Katholiken in den Himmel kämen, wo es doch auf der ganzen Welt so viele andere Religionen gebe. Das schien mir höchst ungerecht. In meiner kindlichen Annahme, dass Erwachsene von der Vernunft geleitet werden, glaubte ich, sie würden doch sicher (zum Katholizismus) konvertieren, wenn sie in den Himmel kommen wollten.

Die Erfahrung, bestraft zu werden, wenn man einer Autorität eine Frage stellt, hat sich indes noch Jahrzehnte in meinem Gehirn festgesetzt. Selbst während meiner Zeit im Journalismus getraute ich mich nicht immer, eine – für mich – brennende Frage zu stellen, aus Angst, es könnte eine dumme oder beleidigende Frage sein. Freude an der Fragerei und sogar die Aufforderung dazu erhielt ich erst wieder in meinem Nachdiplomstudium ‹Philosophie und Management› im Alter von 50 Jahren.

Mein Streben nach frühem Erwachsensein

Trotz meines im Verhältnis zu meinen Schulkameradinnen und kameraden relativ grossen Spielraums, der vertrauensvollen Beziehung zu meinen Eltern und dem weitgehend konfliktfreien Umgang mit meinen Geschwistern ging mir die Kind- und Jugendzeit viel zu langsam vorüber. Ich war sehr ungeduldig und wünschte mir nichts sehnlicher, als sehr schnell erwachsen zu werden. Der Zufall wollte es, dass mir zu dem Zeitpunkt, als ich diesen Text bereits als ersten Entwurf geschrieben hatte, das Buch «Die Freundschaft» von Connie Palmen in die Hände fiel. Auf Seite 347 las ich einen Satz, der mir direkt aus dem Herzen sprach: «Jungsein fand ich mühsam, Erwachsenensein nicht ...» Ja, genauso empfand ich es auch. Als Kind und noch als Jugendliche war ich überzeugt davon, dass es ausreiche, erwachsen zu werden, und dass Erwachsene – per definitionem – vernunftgesteuerte Wesen seien. Ich war auch lange davon überzeugt, dass sich (schulisch) gebildete Menschen eher von der Vernunft leiten lassen und kluge Entscheidungen treffen.

Die Hauptfigur im Buch von Palmen berührt mich, weil ich als Kind viele Anteile ihrer Persönlichkeit selbst erlebt habe. So empfand ich es zum Beispiel als gerecht, dass ich als jüngstes Kind erst an vierter und nicht an erster Stelle kam. Ich spürte immer Verantwortung für die anderen, vor allem auch für meine Eltern und mein grösstes Ziel war es, ihnen keine Sorgen zu bereiten und so schnell wie möglich finanziell von ihnen unabhängig zu werden. Ich fühlte mich stark und verfügte vermutlich – obwohl ich den Begriff damals nicht kannte – über eine ausgeprägte Resilienz. Jungs interessierten mich kaum und – wie oben erwähnt – wollte ich weder heiraten noch Kinder bekommen.

Die nur drei Jahre jüngere niederländische Autorin Connie Palmen hat – im Gegensatz zu mir – Philosophie und Literatur studiert und konnte als Dozentin an der Universität ihren Lebensunterhalt verdienen, während man mich in der Zeit der Berufswahl warnte, ich würde mit einem schöngeistigen Studium mein Leben lang am Hungertuch nagen. Ich glaubte den Eltern und der Berufsberaterin, denn sie waren ja schliesslich erwachsen, ergo vernünftig. Das im Alter zwischen 18 und 20 Jahren (1970–1972) selbst finanzierte Französischstudium war ein kleiner, wenn auch wichtiger Trost, und das erworbene Diplom ging annähernd in die richtige Richtung meiner Interessen. Inhaltlich begeisterte mich der Existenzialismus, und die offene Beziehung ohne Trauring zwischen Simone de Beauvoir und Jean-Paul Sartre nahm ich mir als Vorbild. Die Gleichberechtigung der Frauen war damals in weiter Ferne, doch ich wollte mich auf keinen Fall auf weibliche Muster einlassen. Ich wollte ein freies und unabhängiges Leben führen – wie Männer – und für mich selbst sorgen.

Meine Begeisterung über das zum grossen Teil autobiographische Buch von Connie Palmen wurde getrübt, als ich mich später über ihr reales Leben informierte. Trotz ihres gelungenen Starts als Akademikerin, Universitätsdozentin und ihrer Erfolge als Autorin kämpft sie seit Jahren gegen ihren übermässigen Alkoholkonsum; es gelingt ihr nicht, die Sucht einzudämmen – ein Problem, das ich glücklicherweise nicht kenne. Weder ich noch irgendjemand in meiner Familie hat ein Suchtproblem. Meine Vermutung: In einem Gastrobetrieb – vor allem in der Westschweiz – gehört *ein* Glas Wein zu einem guten Essen. Wir Kinder erhielten, wie die Erwachsenen, die gleichen Mahlzeiten wie die Gäste im Restaurant. Wir wurden nie gezwungen, etwas zu essen, das wir nicht mochten, und meistens siegte die Neugierde, etwas auszuprobieren. Meine Mutter war über die Qualität und Quantität von gesundem Essen bestens informiert. Wir erlebten keinen Mangel und durften schon früh am Sonntag zum Mittagessen etwas Wein kosten, in Jahresabständen vom Schluck zum halben und dann zum ganzen Glas. Damit lernten wir den sorgfältigen Umgang mit Wein, es ging immer ums Geniessen, nicht ums Betrinken. Und – vielleicht, weil im Restaurant genug geraucht wurde – wurden weder unsere Eltern noch wir Kinder zu Rauchern. Ich weiss, die Thematik ist weitaus komplexer, dennoch gehe ich davon aus, dass dieser Hintergrund – für mich – prägend war.

Würdigung meiner Eltern

Mein Vater war als ältestes Kind von elf Geschwistern auf einem kleinen Bauernhof aufgewachsen, der nicht einmal genügend hergab, um alle Kinder zu ernähren. Als 11-Jähriger wurde er als Verdingbub in ein Nachbardorf geschickt, wo er zwar die Grundschule besuchte, doch bei mangelhafter Ernährung frühmorgens und oft bis in den späten Abend auf dem Hof hart arbeiten musste. Die Besuche bei seinen Eltern waren selten, weil das Geld für ein Busticket fehlte und der Fussmarsch drei Stunden hin und drei zurück beansprucht hätte – Zeit, die nicht einmal an einem Sonntag zur Verfügung stand. Es mangelte ihm an allem Materiellen und ganz besonders an Liebe und Geborgenheit. Seine Mutter, die er über alles liebte, starb früh, und er konnte es fast sein ganzes Leben lang nicht verschmerzen, dass er sie wegen seiner Abwesenheit nicht vor der harten Arbeit hatte entlasten können. Er schwor sich: Niemals sollten seine künftige Ehefrau und seine Kinder ein derart entbehrungsreiches Leben führen müssen.

Kaum hatte er die obligatorische Schule abgeschlossen, versuchte er sein Glück mit verschiedenen Stellen in der Hotellerie von Kurorten. Sein erstes Monatsgehalt betrug – nebst schlechter Kost und einem schäbigen Zimmer, das er mit drei anderen jungen Männern teilen musste – 30 Franken. Davon schickte er einen Teil nach Hause, um seinen jüngsten Geschwistern eine Berufslehre zu ermöglichen. Nach vielen Jahren der harten Arbeit, der zahlreichen Entbehrungen und des selbständigen Lernens getraute er sich, das damals obligatorische Wirtepatent zu absolvieren, und mit ein bisschen Glück gelang es ihm, in seinem Heimatdorf Giffers im Freiburgischen die Pacht des ‹Gasthofs zum roten Kreuz› zu erwerben. Er heiratete eine um zwei Jahre jüngere Frau, Louise, die ebenfalls aus seinem Dorf stammte. Als Tochter des Metzgers und Älteste von fünf Geschwistern war sie bereit und mutig genug, um in einem Gastgewerbebetrieb tatkräftig mitzuwirken. Meine Eltern trauten sich, diesen mittelgrossen Landgasthof (mit Gästezimmern und einem riesigen Saal für Hochzeiten und weiterer Grossanlässen) in unserem Dorf mithilfe von drei Festangestellten und vielen Extras (für die Bankette) zu leiten. Beide arbeiteten sehr hart und erzogen gleichzeitig vier Kinder. Den Sinn ihres Tuns sahen sie primär in ihrem Ziel, ihren Kindern ein besseres Leben zu bieten, als sie selbst hatten. Beiden war aufgrund ihrer Vergangenheit klar, dass eine gute Ausbildung die beste Voraussetzung dafür sei. Trotz des täglichen Einsatzes von 07:00 bis 24:00 Uhr im Betrieb nahm mein Vater viele Funktionen zum Wohle der Gemeinde ein, zum Beispiel in der Feuerwehr, der Wasserversorgung, dem Schützenverein, als Gemeindeschreiber und und und.

Wegen des Geschäfts waren meine Eltern froh, wenn wir Kinder grösstenteils ‹von selbst funktionierten›. Das gab uns viel Freiheit. Vorgeschrieben war nur, dass wir die Essenszeiten einhielten, die Schulaufgaben machten und abends beim Abendläuten der Kirche nach Hause kamen. Dennoch vermochten sie uns ganz stark das Gefühl zu vermitteln, wie sehr sie uns liebten. Dazu ein kleines Beispiel: Kam ich mit zerschundenem und blutendem Knie während des Mittagsservices heulend zu meiner Mutter gelaufen, hatte der Gast im Restaurant auf sein Essen zu warten. Sie schloss mich zuerst in die Arme, tröstete mich, reinigte und verband die Wunde, sodass ich mit neuem Elan hinausrennen konnte. Meine Eltern sind keine gebildeten Leute, aber beide haben ein gesundes Selbstbewusstsein, können selbständig denken und sind nicht autoritätsgläubig, was zur damaligen Zeit mit einem überaus gestrengen Dorfpfarrer gar nicht so einfach war. Sie erzogen auch mich sehr früh zur Selbständigkeit. Sie sagten etwa: «Du muss selbst wissen, was Du tust, aber wenn es Dir schlecht geht, sind wir immer für Dich da.»

Die regelmässige Mitarbeit von uns Kindern im Familienbetrieb war selbstverständlich. Das Wichtigste jedoch war, dass die Eltern uns Kindern ihre Liebe zeigten und uns ein tiefes Gefühl der Geborgenheit vermittelten. Dank gutem Wirtschaften und sparsamer Lebensführung – selbst als wir Kinder längst im Berufsleben standen – gelang es unseren Eltern nach ihrer Pensionierung, ein einfaches kleines Haus zu kaufen, mit dem Ziel, es später an uns Kinder zu vererben. 1993, als mein Vater 83 und meine Mutter 81 Jahre waren, erkrankten sie beide im Abstand von wenigen Wochen an Krebs und mussten ins Spital. Ein halbes Jahr später starben sie innerhalb von zwei Wochen. Fast könnte man vermuten, sie hätten selbst die Erfüllung ihres letzten Ziels bewusst gesteuert: Sie hatten sich seit Jahren vorgenommen, ihren Kindern im Alter auf keinen Fall zur Last fallen zu wollen. Uns Kindern blieb die Gewissheit, dass unsere Eltern ein arbeitsreiches, ehrliches und sinnerfülltes Leben geführt hatten und in ihrer Liebesfähigkeit, Güte und Grosszügigkeit Vorbilder waren und sind.

Die Haltung meiner Eltern gab mir ein gewisses Urvertrauen. Wo auch immer ich war, all die vielen Jahre im Ausland mit Tätigkeiten, die mich manchmal in nicht ganz ungefährliche Situationen brachte, oder als ich während dreier Monate mutterseelenallein durch alle Länder Südamerikas zog: Ich hatte keine Angst. Ich respektierte zwar die notwendigsten Vorsichtsmassnahmen, ansonsten reiste ich neugierig und frohgemut durch die Länder. Ich hatte damals die ziemlich naive Gewissheit in mir: Wenn mir etwas Schlimmes passiert, werden mich meine Eltern da rausholen.

Schule und Berufseinstieg

Viel Spass am Lernen

Als lernbegieriges Kind freute ich mich riesig auf den ersten Schultag. Mein immer noch vorhandenes Schulzeugnis der Primarschule bestätigt meine Erinnerung, dass ich die Schule ohne Sorgen bewältigte. Die Noten 1 und 1–2, später 6 und 5–6 füllen das Zeugnis. Die schlechteste Note hatte ich in der Schrift. An nennenswerte Konflikte mit meinen Mitschüler*innen kann ich mich nicht erinnern. Mit einem Mädchen namens Rita fühlte ich mich freundschaftlich eng verbunden. Wir gingen oft einen Teil des Schulwegs zusammen, und ich mochte sie mehr als alle anderen, wollte mehr Zeit mir ihr verbringen, doch eines Tages verkündete sie mir, dass sie mit ihrer Familie in die Westschweiz zügeln werde. Ich habe sie nie weder noch einmal gesehen, noch von ihr gehört, was ich bis heute bedauere.

Weil in unserem Dorf nur die Grundschule angeboten wurde und der tägliche Weg in die Stadt Fribourg zu kompliziert gewesen wäre, besuchte ich – wie meine beiden Schwestern zuvor – die erste und die zweite Sekundarschule im Internat «St. Joseph de la Gouglera». Die Besonderheit dieser Schule war die Zweisprachigkeit. So besuchten wir im ersten Jahr am Vormittag die erste Sekundarschule (Sek) auf Deutsch und nachmittags auf Französisch. Im zweiten Jahr kam die zweite Sek auf Deutsch und nochmals die erste auf Französisch. In der Woche mussten die deutschsprachigen Kinder zwingend Französisch sprechen, die Westschweizerinnen Deutsch. Das gab uns allen eine solide Basis für die Zweisprachigkeit.

Auch hier machte mir das Lernen Spass, und im Zeugnis dominierten die Noten 5–6 und 6. Die Ingenboler Nonnen waren übermässig streng, und wir Kinder standen von früh bis spät unter Aufsicht, doch im zarten Alter von 13 bis 15 Jahren rebellierten wir kaum. Körperliche Strafen oder gar Übergriffe habe ich persönlich nie erlebt und bei anderen nie gesehen. Trotz geringer Möglichkeiten, Freundschaften einzugehen, ergab sich eines Tages – ich weiss nicht mehr, wie – eine Freundschaft mit Pia. Wir beide mochten Musik, gingen in den Klavierunterricht, lasen und lernten gern. Auf den (überwachten) Sonntagsspaziergängen versuchten wir nach Möglichkeit, miteinander zu laufen. Wir sind beide im Gastgewerbe aufgewachsen, was uns verband, weil diese Familiensituation (mit früher Mithilfe im elterlichen Betrieb) von anderen Kindern, die das nicht kannten, nicht nachvollziehbar war. Pia war ein Jahr älter als ich, sodass sie das Internat ein Jahr vor mir verliess.

Die dritte Sekundarschule besuchte ich in Fribourg, während Pia bereits im Lehrerinnenseminar war. Wir setzten unsere Freundschaft einige Jahre fort, obwohl wir uns nur selten sehen konnten, doch zeitweise bestand ein reger Briefwechsel. Pia war musisch ausserordentlich begabt, hatte konkrete Pläne in Bezug auf Studium und Beruf und Lust, diese umzusetzen. Sie gab alles auf, als sie Leo traf, in den sie sich – aus meiner Sicht – ‹kopflos verknallte› und innert kürzester Zeit beschloss, ihn zu heiraten. Ich war empört! «Pia, wie kannst du nur!!!» Ich versuchte mit grossem Engagement, ihr diese viel zu frühe Ehe auszureden, was mir jedoch nicht gelang. Sie nahm mir meinen Widerstand übel, glaubte, ich sei eifersüchtig, weil sie einen Freund hatte und ich nicht, doch das stimmte nicht. Zu diesem Zeitpunkt war ich schon viel zu sehr vom Existenzialismus beeinflusst und war überzeugt, dass eine Beziehung, wie Simone de Beauvoir und Jean-Paul Sartre sie führten, das einzig Richtige sei. «Niemals heiraten!», lautete mein überzeugtes Credo. Wir hatten zahlreiche Gespräche, doch es nützte alles nichts. Sie heiratete, ich ging nicht zu ihrer Hochzeit, und das war das Ende unserer Freundschaft.

Ich schloss die dritte Sekundarstufe mit der Durchschnittsnote 5,5 ab, doch das Gymnasium kam nicht in Frage. Zu diesen Zeiten, 1967, und in meinem ländlichen Heimatdorf gingen Mädchen nicht studieren und Lehrerin wollte ich auf keinen Fall werden.

Es folgte ein Jahr ‹École Bénédict›, damals eine kaufmännische Schnellbleiche für den Einstieg in die Bürowelt. Vom ersten Tag an faszinierte mich eine junge Frau, kann sein, dass sie Barbara hiess, doch ich habe keine Unterlagen, die diesen Namen bestätigen würden. Sie war – anders als ich – lang, sehr schlank und stammte aus Basel, was ich spannend fand. Sie wohnte in einer WG – damals geradezu revolutionär –, was mich, die als 16-Jährige selbstverständlich bei den Eltern wohnte, etwas ganz Besonderes war. Wir verbrachten alle Pausen gemeinsam und lernten teilweise zusammen. Ich habe keine Ahnung, wer sonst noch in diesem Jahreskurs war. Wir erreichten beide ein gutes Zertifikat und konnten sofort in die Berufswelt einsteigen – ich in Fribourg bei der kanadischen Firma Polysar SA als ‹Steno-Dactylo›, während sie nach Basel zurückkehrte.

Drei Monate in Bournemouth

Noch vor dem Start ins Erwerbsleben reiste ich für einen intensiven Englischkurs für drei Monate in das hübsche südenglische Städtchen Bournemouth. In derselben Klasse wie ich war Pierre, ein waadtländischer Bankangestellter, mit dem ich mich rasch anfreundete. Wir lernten fleissig, genossen aber auch die Freizeit mit Spazieren, Ausgängen am Wochenende und – das war wohl das Wichtigste – wir reisten mehrmals mit dem Bus für ein Wochenende nach London, wo wir die damals berühmtesten Musicals wie «Hair» oder «The Fiddler on the Roof» besuchten. Beim ersten Ausflug buchten wir sogar ein billiges Hotel, und Pierre, der fünf Jahre älter war als ich, hätte mich gern entjungfert. Doch ich lehnte kategorisch ab, weil ich ihn nur als guten Freund mochte, denn ich war nicht in ihn verliebt. Er akzeptierte meine konsequente Haltung ohne Wenn und Aber. Bei den beiden nächsten Reisen nach London sparten wir das Hotel und übernachteten in einer kleinen Parkanlage (nicht im etwas berüchtigten Hyde-Park), wo wir uns sicher fühlten. Es war noch nicht kalt und die mitgebrachte Decke reichte uns. Am nächsten Morgen fuhren wir mit dem ersten Bus zurück nach Bournemouth.

Pierre gab die Hoffnung nicht so schnell auf, mich zur Freundin zu gewinnen. Zurück in der Schweiz blieben wir in losem Kontakt. Am Silvesterabend lud er mich zu einem Abendessen bei seiner Mutter ein, mit anschliessendem Fest im Palexpo Lausanne. Ich hatte bis 16:00 Uhr im Büro gearbeitet, danach waren wir von Polysar zu einem Apéro eingeladen, an dem ich teilnahm, bevor ich auf den Zug musste. Müde, wie ich war, schlief ich im Zug sofort ein, und als ich erwachte, war ich verwundert, noch nicht in Lausanne eingetroffen zu sein. Der vorbeieilende Conducteur klärte mich auf, dass wir in wenigen Minuten in Genf eintreffen würden. Ach, du heiliger Schreck! Am Bahnhof von Lausanne wartete Pierre, Handys gab es noch nicht. Immerhin konnte ich im Zug sitzen bleiben und mit demselben Zug von Genf nach Lausanne zurückfahren, wo ich mit etwa anderthalb Stunden Verspätung eintraf. Pierre wartete immer noch und fuhr mich zu seiner Mutter. Ich schämte mich zutiefst. Wir assen schnell ihr liebevoll zubereitetes Abendessen, gingen tanzen und schliefen später in zwei separaten Zimmern. Am 1. Januar fuhr ich zurück.

Danach machte Pierre noch einige weitere Versuche, kam sogar einmal mitten in der Nacht zu meinen Eltern, die ihn verarzteten, weil er vor meinem Fenster, zu dem er hinaufklettern wollte, stürzte. Er fuhr noch in der Nacht zurück. Ich schrieb ihm einen letzten Brief, mich in Ruhe zu lassen und nicht mehr zu kontaktieren, was er schliesslich einhielt.

Rückblickend bin ich dennoch dankbar für seine Freundschaft. Die London Ausflüge und die schönen Ausgänge wären ohne ihn nicht möglich gewesen. Er hat wesentlich zu meinem fröhlichen Sprachaufenthalt in Bournemouth beigetragen. Nur: Liebe kann man nicht erzwingen, wenn sie sich nicht von selbst einstellt. Ich wünsche ihm, dass er in seinem Leben das Angestrebte erreicht hat und glücklich geworden ist.

Erste Stelle: Polysar International SA (1969–1972)

Am 1. Oktober 1969 stieg ich im Alter von 17 Jahren als ‹Steno-Dac-tylo› bei der Firma Polysar ins Berufsleben ein. Die Arbeit in meinem ersten Jahr der Erwerbstätigkeit empfand ich als todlangweilig, ob-wohl die kanadische Firma ein sehr attraktiver Arbeitgeber war. Es gab einen sogenannten ‹Recreation Club›, und die rund 100 Ange-stellten trafen sich zu diversen Veranstaltungen: vom Wine-Tasting bis zum Ski-Weekend. Es herrschte eine sehr gute Kollegialität bis Kameradschaft, doch zu einer langanhaltenden Freundschaft kam es nur mit Victor Zanzi. Wobei Vick, so nannten wir ihn alle, von meiner Schwester Trudy, die vor mir dort gearbeitet hatte, zum ‹Adoptivbru-der› ernannt worden war. Unser eigener Bruder war damals bereits verheiratet und arbeitete mit seiner Frau teilweise im Ausland. Wir drei Schwestern beschlossen, dass wir wieder einen Bruder brauch-ten, und das war Vick. Mit ihm verbrachte ich – vor allem im ersten Jahr – viel Freizeit, vor allem an Wochenenden. Vielleicht war ich zeitweise sogar ein bisschen in ihn verliebt (was ich ihm nie zu spüren gab), doch der Altersunterschied von rund zehn Jahren, sein Status als Adoptivbruder und die wachsende Zeitknappheit aufgrund mei-nes Studiums schlossen eine Vertiefung unserer freundschaftlichen Beziehung aus. Immerhin lernten wir drei Schwestern seine Familie in der Innerschweiz kennen, wir wurden zu seiner Hochzeit eingeladen und stehen bis heute in Kontakt. Jährliche Neujahrsrundschreiben erhalten die Freundschaft bis heute und ab und zu kommt es auch zu einem Treffen. Bis heute sind dies 50 Jahre! Vick wird mir immer in guter Erinnerung bleiben.

... und dann kam Guido – Begegnung mit Initialzündung

Etwas seltsam sah er schon aus, dieser fremde Mann mit Brille, sehr viel älter als ich, sehr sympathisch und vertrauenswürdig. Ich sass mit zwei Kollegen der Polysar nach Büroschluss an einem Gartentisch des *Plazas*, das Restaurant, das sich im Parterre des Bürogebäudes befand. Ein schöner, warmer Frühsommertag. Guido, so wurde er mir vorgestellt, war der Ex-Freund einer US-Mitarbeiterin der Polysar-Gruppe, die kürzlich nach Hause zurückgekehrt war.

Zu viert tranken wir einen Apéro und plauderten über Gott und die Welt, bis sich die beiden Bürokollegen verabschiedeten. Guido und ich blieben sitzen. Er war sehr neugierig und wollte wissen, wie mir die Arbeit bei der Polysar gefalle. «Todlangweilig!», seufzte ich und fügte an: «Lange werde ich das nicht mehr aushalten.» – «Hast du Pläne?», fragte er mit Anteilnahme. Ich vermutete, dass er von seiner Ex-Freundin wusste, dass die Arbeit als Dactylo-Stenographer in der Customer Service Section kaum Begeisterungsstürme auslösen konnte. «Nein», antwortete ich resigniert, «ich hätte so gern das Gymnasium besucht und danach Philosophie und Literatur studiert, doch jetzt ist es zu spät.» Sein interessiertes Nachfragen veranlasste mich dazu, die ganze leidige Geschichte meines unerfreulichen Berufseinstiegs mit 17 Jahren zu erzählen. Erst später erfuhr ich, dass er Psychologe war, was es ihm vermutlich einfacher machte, mindestens eine halbe Stunde lang zuzuhören, ohne mich zu unterbrechen. Ich war baff, denn noch nie hatte sich jemand dermassen für mich interessiert. Ohne meine Geschichte zu kommentieren, fragte er: «Hast du schon mal vom ‹Institut de français moderne› an der Universität Fribourg gehört?» – «Nein, keine Ahnung», erwiderte ich. «Es ist ein sechssemestriges Studium, das zur Französischlehrerin für Fremdsprachige ausbildet», erklärte er und fuhr fort: «Meine Freundin hat diesen Abschluss gemacht, bevor sie in die USA zurückkehrte.» – «Bist du ganz sicher, dass man dieses Studium ohne Matura machen kann?», wollte ich begierig wissen, und er bestätigte, dass man das könne. Und, was für mich ebenso wichtig war: Das Studium liesse sich bei sehr guten Französischkenntnissen berufsbegleitend bewältigen. Jetzt hatte mir Guido definitiv einen Floh ins Ohr gesetzt. Ich konnte mich nicht mehr von dieser Idee lösen, in meinem Kopf rumorte es, ich fuhr nach Hause, hütete mich aber, bereits darüber zu reden, schlief die ganze Nacht sehr schlecht und schwebte zeitweise bereits in den Wolken, doch noch an die Universität gehen zu können.

In den folgenden Tagen kontaktierte ich Guido, löcherte ihn mit Fragen, was er alles darüber wisse. Er gab mir den Namen des Professors, der das Institut leitete. Ich nahm mir Monsieur Hatem Kontakt auf und vereinbarte einen Termin. Er bestätigte mir, dass ich aufgenommen werden könne, obwohl ich nach der obligatorischen Schulzeit nur eine einjährige Handelsschule besucht hatte. Das Gespräch verlief auf Französisch und war mehr als nur ausreichend – die Gouglera mit ihrem bilingualen Unterricht sei gesegnet! –, um nach den Sommerferien mit dem Studium beginnen zu können. Ich hätte noch vor dem Professor jauchzen wollen, so gross war meine Freude. Die erste Hürde war genommen.

Am Folgetag ging ich zum Personalchef der Polysar, erklärte diesem mein Anliegen mit dem Studium und bat ihn um die Chance, mein Arbeitspensum von 100- auf ein 60-Prozent-Pensum reduzieren zu dürfen. Das war zu dieser Zeit alles andere als üblich. Von rund 100 Angestellten war und blieb ich die Einzige, die das tat. Nachdem er sich mit vielen Nachfragen versichert hatte, dass es mir mit meinem Ansinnen ernst war, raschelte er etwas in seinen Unterlagen und fand das Dossier, dass er gesucht hatte.

«Sie haben Glück», meinte er, «es könnte sich eine Möglichkeit ergeben.» Ich erfuhr, dass im folgenden Monat ein ‹Internal Auditor› von London nach Zürich versetzt werde, der sicher eine Sekretärin brauchen würde. Ich könne die Angelegenheit mit ihm besprechen, sobald er da sei.

David Wilson, ein Vorzeigechef

Ich konnte die Ankunft von David Wilson – so der Name des charmanten Engländers – kaum erwarten. Selten ist Zeit so langsam verstrichen. Herzklopfend traf ich ihn in einem Sitzungszimmer, als er endlich da war. Ich erklärte ihm in möglichst fliessendem Englisch, das ich im Jahr zuvor in einem dreimonatigen Intensivkurs in Bournemouth gelernt hatte, weshalb ich dieses Studium unbedingt machen wollte und dass ich zwecks Finanzierung zwingend eine Teilzeitstelle bräuchte. Er meinte lächelnd, dass 60 % wohl genügen würden, zumal er oft auf Reisen sein werde. Auf meine Frage, wie ich die 60 % verteilen sollte, meinte er: «Gehen Sie zuerst zur Universität, schreiben Sie sich für alle Vorlesungen ein, die für Ihren Abschluss notwendig sind, und danach machen wir gemeinsam einen Stundenplan rund um ihre Vorlesungen herum.» Wahrscheinlich blieb mir der Mund offen stehen, bei so viel Grosszügigkeit, die ich in keiner Weise erwartet hatte. Am liebsten hätte ich ihn umarmt, doch das wäre trotz seines Charmes definitiv zu viel des Guten gewesen. Ich bedankte mich überschwänglich und gelobte, ihm eine sehr zuverlässige Sekretärin zu sein.

Das Resultat nach meiner Einschreibung zu den Vorlesungen war, dass ich an jedem Wochentag zu anderen Zeiten arbeitete, manchmal nur zwei Stunden, an anderen Tagen dafür sechs und damit kamen wir problemlos auf 60 % von 42 Wochenstunden. Bis zum Start des Semesters im Oktober und später auch während der Ferien arbeitete ich jeweils zu 100 % – es war eine perfekte Win-Win-Situation, und ich war überglücklich. Nach zwei Jahren (dank Gouglera zwei statt drei) hatte ich mein Französischdiplom, das mich zum Unterricht für Fremdsprachige berechtigte, geschafft. Das war indes nie mein Ziel gewesen. Der Schwerpunkt des Studiums lag für mich primär bei französischer Literatur und Theatergeschichte. Das Unterrichten interessierte mich nicht, denn meine Zukunftspläne sahen anders aus. Ich wollte unbedingt reisen, die Welt entdecken, und ich kundschaftete bereits aus, wie ich Arbeit und Reisen miteinander verbinden könnte.

Guido, der mich auf dieses Studium aufmerksam gemacht hatte, war für mich ein Fanal. Von da an wusste ich, dass ich mit Beharrlichkeit Grenzen überwinden konnte. Keine Ahnung, welche Wende mein Leben sonst genommen hätte. Und bis heute, über 50 Jahre später (!), schicke ich ihm jedes Jahr mein Neujahrsrundschreiben, das er jedes Mal erwidert. Gesehen haben wir uns in all den Jahren nur sehr selten, wir leben in ‹verschiedenen Welten›, doch die gute Erinnerung bleibt für immer, und dazu eine immerwährende Dankbarkeit.

Nach dem ersten, absolut langweiligen Jahr bei der Polysar war ich bis zum Abschluss des Französischstudiums sehr glücklich in dieser Firma. Nicht nur, weil ich parallel zur Arbeit das Studium machen konnte, sondern auch, weil die Arbeit für David Wilson viel spannender war als diejenige zuvor. Allerdings war diese Doppelfunktion ziemlich zeitintensiv, sodass die Pflege meiner Freundschaften zu kurz kam und ich einige Personen aus den Augen verlor.

Barcelona und die ‹Auberge espagnole›

Zur Überbrückung der Zeit nach meinem Diplomabschluss und dem Start als Hotelplanhostess im April 1973 beschloss ich, eine zusätzliche Sprache zu lernen, und zwar Spanisch, weil dies für meinen künftigen Arbeitgeber wichtiger als Italienisch war. Ich meldete mich bei der Eurocenter-Schule in Barcelona an und verbrachte dort ein gutes halbes Jahr. Statt – wie sonst üblich – ein Zimmer in einer Gastfamilie zu bewohnen, wurde ich von der Schule der Señora Munuera zugeteilt, und diese hatte für ihre Sprachlernenden eine separate Wohnung gegenüber ihrer Familienwohnung gemietet. Wir waren eine Wohngemeinschaft von fünf jungen Frauen, Monika, Ex-Deutsche und Wahl-US-Amerikanerin, Jikkie und eine weitere Niederländerin, eine Schwedin und ich. Wir hatten je ein Zimmer, ein einziges Badezimmer und einen kleinen Wohnraum neben dem Eingang. Das Frühstück und das Abendessen nahmen wir bei unserer Gastfamilie ein, und in dieser Zeit versuchten wir, unsere Spanischkenntnisse anzuwenden, während wir in der Wohnung eher Englisch miteinander sprachen. Vom ersten Tag an verband uns eine nahezu schwesterliche Zusammengehörigkeit. Wir unterstützten uns gegenseitig, wann immer nötig, und wenn eine von uns mit einer Zufallsbekanntschaft ausging, so informierten wir uns immer, wo und mit wem wir gingen. Die Sorge war weniger die Kriminalität, die zu dieser Zeit in Barcelona äusserst gering war, als vielmehr die damals gefürchtete Franco-Diktatur. Da wir in studentischen Kreisen verkehrten, wusste man nie, ob jemand aus heiterem Himmel verhaftet würde.

Durch irgendeinen Zufall hatte ich gleich zu Beginn einen spanischen Studenten (José-Carlos) kennengelernt, der – nebst seinem Ingenieurstudium – Mitglied der Tuna an der technischen Fakultät war. Mit ihm und seinen Kommilitonen erbrachten wir viele musikalische Abende, zogen an den Wochenenden mit ihnen durch die Gassen und liessen uns von den traditionellen Tunaliedern begeistern. Mit Erlaubnis der Gastgeberin durften wir die rund 15-köpfige Gruppe sogar einmal zu einer Party in unserer Wohnung einladen – ein tolles Erlebnis! Selbst die Gastgeberfamilie freute sich und machte mit.

Ich kann mich nicht erinnern, dass es unter uns fünf Frauen, so unterschiedlich wir auch waren, je zu einem Konflikt kam. Leider verstrich die Zeit viel zu rasch. Kurz vor Weihnachten endete der Intensivkurs, und wir flogen alle nach Hause. Mit Jikkie und Monika dauerte die Freundschaft noch über viele Jahre an, vor allem brieflich, aber auch mit einigen Treffen.

Über Weihnachten und den Jahreswechsel kehrte ich kurz zu meinen Eltern zurück und arbeitete vorübergehend im Restaurant von Jean-Claude (meinem künftigen Schwager), um etwas Geld zu verdienen. Danach reiste ich nochmals für drei Monate nach Barcelona in die gleiche Wohnung und zur Señora Munuera zurück, aber diesmal nur mit Frühstück. Neben mir wurde die Wohnung nur noch von einer weiteren Person bewohnt, die ich jedoch kaum zu Gesicht bekam. An der Universität von Barcelona besuchte ich einen Semesterkurs in Philosophie, obwohl ich wusste, dass ich nur knapp drei Monate bleiben konnte. Die Freundschaft mit José-Carlos dauerte an. Zwar waren wir verliebt, dennoch kam es zu keiner Liebesbeziehung. Er war aus strengem Elternhaus, und sexuelle Beziehungen ohne die Absicht, zu heiraten, passten nicht in sein Weltbild. Ich verbrachte weiterhin viel Zeit mit ihm und seiner Tuna und genoss die musikalischen Streifzüge durch das alte Barcelona. Wir zogen durch die Altstadt, kehrten in einige Restaurants ein, manchmal sammelte ich sogar Geld mit einem Tunahut, und sobald wir genug Geld für ein gemeinsames Abendessen hatten, gingen wir alle gemeinsam irgendwo essen.

Für mich waren diese Monate des Lernens, Flanierens, des Umgangs mit vielen Freund*innen und – neben dem Gesang – der stundenlangen intensiven Diskussionen über Gott und die Welt eine absolut ideale Studentenzeit. Zeitweise kam ich mir vor wie Simone de Beauvoir, die in ihren Tagebüchern die Zeit ihres Studiums an der Sorbonne detailliert beschrieben hat. Erstmals in meinem Leben musste ich nicht arbeiten, sondern konnte mich ganz und gar auf das Studium und die Freundschaften konzentrieren. Der Abschied fiel mir schwer, sehr schwer. Und als mich die gesamte Tunagruppe zum Flughafen von Barcelona begleitete und mein Lieblingslied ‹Adiós mi Universidad› sang und spielte, flossen meine Tränen in Strömen. Von José-Carlos – der ein Verehrer des spanischen Lyrikers und Dramatikers Federico García Lorca war – blieben mir einige Gedichte, die ich bis heute aufbewahrt habe. Ich bin dankbar für seine damalige, tief empfundene Freundschaft und hoffe von ganzem Herzen, dass er ein glückliches Leben führen konnte.

Ja, trotz Diktatur konnte man 1972/1973 gut in Barcelona leben. Die Bedingung war: Keine politischen Aktivitäten und keine Kritik an der Regierung, auch nicht im Freundeskreis, solange man im öffentlichen Raum war. Die Angst vor Spitzeln – auch an der Universität – war immer präsent. Ich erlebte eine Demonstration von mehreren Hundert Studierenden, die von der Polizei mit Tränengas und Wasserschläuchen brutal aufgelöst wurde.

Im Internet fand ich beim Schreiben dieses ‹Mosaiksteins› einige Musikgruppen, die sich ‹Tuna› nennen. Allerdings handelt es sich nicht um Studierendengruppen, sondern bestenfalls um Altherren, Uraltherren oder einfach Sänger (es sind ausschliesslich Männer), die die Tunalieder übernommen haben. Ihr ganzes Gehabe, vollkommen auf Show ausgerichtet, hat nichts mehr mit dem zu tun, was ich mit *meiner Tuna* erlebt habe. Dennoch berührt mich das oben erwähnte Lied ‹Adiós mi Universidad› weiterhin bis in die tiefste Seele.

Die Tourismus-Jahre, 1973–1978

Einsätze in Spanien, Afrika, Südamerika und Asien

Im Sommer 1972 – als ich im zarten Alter von 20 Jahren war – stand nach meinem Französischdiplomabschluss für mich die weite Welt auf dem Programm. Ohne Geldreserven musste und wollte ich meine Reiselust mit dem Beruflichen verbinden. Ich meldete mich bei den damals drei grössten schweizerischen Reiseorganisationen: Hotelplan, Kuoni sowie Airtour-Suisse und bewarb mich um eine Stelle als ‹Hostess›. Zwei Organisationen antworteten ablehnend, mit der Begründung, ich müsse für diese Stelle 22 Jahre alt sein. Hotelplan schrieb das ebenfalls und lud mich dennoch zu einem Gespräch nach Zürich. Der Hostessenreiseleiterchef Louis Keller fand nach rund einer Stunde, dass ich mit meinem Hintergrund aus dem Gastgewerbe reif und ‹frech› genug sei (er benutzte dieses Wort tatsächlich), sodass ich früher anfangen könne, allerdings erst im folgenden Frühling, weil mitten im Sommer keine Anstellungen stattfänden. Zur Überbrückung der fehlenden Zeit beschloss ich, eine zusätzliche Sprache zu lernen. Mein künftiger Arbeitgeber empfahl mir Spanisch, weshalb ich mich für einen Aufenthalt in Barcelona entschied, wie oben erwähnt.

Anfang April 1973 (also mit 20 Jahren und neun Monaten) wurde ich zu einem Einführungskurs eingeladen und an einem halben Tag in Zürich (Hotelplan) und einem halben Tag in Basel (Esco) über die Besonderheiten meines künftigen Berufs instruiert. Die Arbeit bestand im Wesentlichen darin, Transfers vom und zum Flughafen zu organisieren, Gäste zu empfangen und zu verabschieden, Info-Apéros durchzuführen, Ausflüge zu verkaufen, die Gäste in den Hotels zu besuchen und für deren Wohl zu sorgen. Dazu kam: Blitzableiter für alle Ärgernisse zu sein, die die Gäste erlebten, wenn ihre Vorstellungen nicht zu 100 % erfüllt wurden (und seien es nur Beschwerden über das Regenwetter), Zimmerreservationen der Zentrale in Zürich mit den verschiedenen Hotels zu vergleichen und später die Rechnungen zu prüfen, Ausflüge zu begleiten und Informationen der lokalen Reiseleiter zu übersetzen bzw. nach kurzer Vorbereitungszeit selbst den Gästen zu vermitteln. Es waren in diesen Jahren zwischen 1973 und 1978 mehrheitlich Einsätze von sechs bis sieben Monaten zu je sieben Tagen die Woche. Zehn-Stunden-Tage waren vielerorts die Regel und via Hotelrezeption musste man für den Notfall immer erreichbar sein. Bei der Verabschiedung am Flughafen gab es öfter Leute, die mir gutmütig sagten: «Auf Wiedersehen und weiterhin schöne Ferien!» Ich verbot es mir, zu protestieren, und hörte bald auf, mich darüber zu ärgern.

In kleineren Destinationen musste eine Hostess all diese Arbeiten allein erledigen, in grösseren Destinationen gab es ein zentrales Büro, das den Grossteil der administrativen Aufgaben übernahm. Ich war öfter allein im Einsatz oder dann sehr weit von einer Zentrale entfernt, sodass ich mehrheitlich allein funktionieren musste.

Uns Hostessen wurde ein monatliches Grundgehalt von CHF 500 abzüglich AHV (Alters- und Hinterbliebenenversicherung) ausbezahlt. Dieses erhöhte sich im Verlauf der Jahre oder je nach Destination auf maximal CHF 800. In den Destinationen hatten wir Kost und Logis, das heisst, wir wohnten mehrheitlich in Hotels oder – seltener – in einer kleinen Wohnung. Die Mahlzeiten konnten wir oft in einem Vertragshotel einnehmen, also dort, wo das Reisebüro ein grösseres Kontingent an Zimmern für unsere Touristen hatte. Je nach Destination stand ein Auto zur Verfügung, oder es gab Taxispesen. Dazu kamen 10 % Kommission aus dem Verkauf der Ausflüge und manchmal – vor allem in Asien und Südamerika – eine Kommission auf Einkäufe der Touristen, die wir in Schmuck-, Stoff-, Antiquitäten- und andere Souvenirgeschäfte begleiteten. Reich wird man in diesem Beruf nicht, doch wer vernünftig war, konnte etwas sparen, und zusammen mit dem Grundgehalt gab dies eine erste finanzielle Basis für die erste Zeit nach der Rückkehr in die Schweiz.

Mallorca – ein fröhlicher Einstieg

Mitte April 1973 flog ich nach Palma de Mallorca zu meinem ersten Einsatzort im Auftrag des Reiseveranstalters Hotelplan. Nach der kurzen (einen Tag) – rein theoretisch-administrativen – Einführung in Zürich und Basel hatte man mir versprochen, ich könne in der ersten Woche mit einer erfahrenen Reiseleiterin zusammenarbeiten, die mir, angefangen vom Transfer vom Flughafen zum Hotel, über die Besuche der Gäste in den Hotels, bis zur Begleitung der Ausflüge, alles zeigen würde. Inzwischen wusste ich, dass ich in Paguera wohnen würde und von dort aus die Feriengäste auf dem Küstenabschnitt bis zur Hauptstadt Palma de Mallorca zu betreuen hatte. Sonntag war Transfertag, ich stand mit meinen künftigen Kolleginnen zusammen in Uniform am Flughafen und wartete gespannt auf das erste Flugzeug. Als alle Leute in den Bussen auf die jeweiligen Routen verteilt waren und wirklich erst dann sagte mir die Chefin, ich müsse den Bus nach Paguera allein übernehmen, weil jemand fehle. Sie drückte mir eine Gästeliste in die Hand und bugsierte mich in den Bus. Keine Chance zum Protestieren. Was für ein Schreck! Der Bus war mit rund 40 Personen besetzt, und ich wusste, dass ich sie begrüssen, unterwegs etwas erzählen und zur Rezeption des jeweiligen Hotels begleiten musste.

Zum Glück sprach ich bereits Spanisch und hatte einen erfahrenen Chauffeur, der diese Fahrt schon oft gemacht hatte. Er reichte mir das Mikrophon zur Begrüssung der Leute. Nie zuvor hatte ich ein Mikrophon in der Hand gehalten, und ich war völlig ahnungslos, wie stark dieses meine Stimme verstärkte. Ich schrie in das Gerät, damit mich ja alle hören würden, und erschrak ob meiner eigenen Stimme. «No tan fuerte, niña, por eso tienes el micrófono!» (Nicht so laut, Kleine, dafür hast Du doch das Mikrophon), sagte er, und ich unternahm einen zweiten Versuch. Das ging schon besser. Dann bat ich ihn – Pepe hiess er –, mir fortlaufend zu sagen, wo wir langfuhren, und ich übersetzte alles auf Deutsch und Französisch. Wir kamen zum ersten Hotel, und ich rief die Leute auf, die hier aussteigen mussten und ging mit ihnen zur Rezeption. Alles verlief gut, auch beim zweiten und dritten Hotel. Beim vierten hielt der Bus ein grosses Stück vor der Eingangstür, die ich übersehen hatte, und so lief ich mit sechs Personen im Schlepptau durch den Garten rund um das ganze Hotel herum. Sie trugen tapfer ihre Koffer und am Eingang sagte ich mit einem breiten Lächeln: «Ich wollte Ihnen diesen wunderbaren Garten gleich am Anfang zeigen!» Sie nahmen es gelassen. Irgendwann hatten wir alle Leute ausgeladen und mussten zurück zum Flughafen, um die Gäste eines zweiten Fliegers abzuholen. Diesmal ging es schon viel besser, und ich war weniger gestresst.

Und dann kam Roos: Gross, vollschlank, mit schulterlangem, blondem Haar, einem unglaublich freundlichen Gesicht und einem sympathischen niederländischen Akzent. Es war die Kollegin, mit der ich in den Folgemonaten durch dick und dünn ging und die harten Arbeitszeiten mit Humor nahm. Es war ein absoluter Glücksfall, dass ausgerechnet Roos meine Kollegin für meinen ersten Einsatz als Residentreiseleiterin auf Mallorca war. Zusammen mussten wir mehrere Hotels auf der Strecke Palma de Mallorca bis Paguera, wo wir wohnten, betreuen. Dazu stand uns ein gelber Seat 500 zur Verfügung. Dreimal pro Woche besuchten wir unsere Gäste, einmal pro Woche mussten wir ins Hotelplanbüro in Palma.

Alle zehn Hostessen trafen sich also am Donnerstag im HP-Büro, wo wir die Reservationslisten der neuen Gäste erhielten und weitere administrativen Arbeiten zu erledigen hatten. Alle beklagten sich über die harte Arbeit, die bei geringem Lohn zu bewältigen war. Nur Roos und ich waren stets gut gelaunt und lachten viel, was die anderen irritierte. Viel Freizeit hatten wir tatsächlich nicht, denn wir arbeiteten hart: Gäste besuchten wir am Montag, Mittwoch und Freitag, das hiess, von 08:00 bis 14:00 Uhr und von 17:00 bis 21:00 Uhr unterwegs zu sein. Am Donnerstag ging es nach Palma ins Büro, an zwei Abenden pro Woche begleiteten wir Nachtausflüge (Barbecue und Palma by Night), die bis Mitternacht oder länger dauerten. Am Samstag und Sonntag waren wir von früh bis spät mit den Transfers vom und zum Flughafen beschäftigt. Einen freien Tag hatten wir während der ganzen Saison von Mitte April bis Mitte Oktober nie.

Manchmal gelang es uns, am Dienstagnachmittag einige Stunden freizumachen. Wenn wir uns nicht gerade ausruhten, unternahmen wir mit unserem kleinen Seat eine Fahrt ins Blaue. Das hiess, ohne Plan und Ziel einfach ins Innere der Insel zu fahren und uns an der schönen Landschaft zu erfreuen, ganz ohne Touristen. Damals war das noch einfach. Ab und zu endete eine nichtasphaltierte Strasse plötzlich im Nirgendwo, und wir mussten das Auto wenden, was an einem steilen Abhang durchaus etwas Gefährliches an sich hatte. Hinterher mussten wir jeweils über unsere Abenteuerlust herzhaft lachen. Nie hatten wir ein ernsthaftes Problem.

Ab und zu – an besonders heissen Tagen – gelang es mir, Roos zu überreden, an einem kleinen Strand mit einem Pedalo aufs Meer hinauszufahren. Mein Ziel war es, im wunderbar klaren und warmen Meerwasser zu schwimmen, doch Roos sah mich bereits von Schwert- oder anderen gefährlichen grossen Fischen (die im Mittelmeer gar nicht existieren) gepackt und entzweigeschnitten und hatte fürchterliche Angst, es könnte mir etwas passieren. Sie selbst ging nie ins Wasser und beobachtete mit Argusaugen den Meeresboden des vielleicht vier bis fünf Meter tiefen Wassers. Ich liess mir meinen Spass nicht nehmen, doch es gelang mir nie, Roos mit meiner Begeisterung anzustecken. Meine Glücksgefühle, im Meerwasser zu schwimmen, und ihre panische Angst davor, waren – soweit ich mich erinnern kann – die einzige Differenz, die uns trennte.

Zu einem Konflikt kam es dennoch nicht, vielleicht auch deshalb, weil diese Nachmittage allzu selten waren und wir uns gegenseitig ohne Wenn und Aber akzeptierten. Die harte Arbeit, das ständige Präsentsein für die Touristen und das Aufeinander-angewiesen-Sein in diesen rund sechs Monaten hatte unsere spontane Kollegialität in eine solide Freundschaft verwandelt, die bis heute, 47 Jahre später, weiterhin besteht. Wir haben uns in all den Jahren mehrmals besucht, indem ich für ein paar Tage in die Niederlande reiste oder Roos zu mir in die Schweiz kam. Während vieler Jahre waren Telefonate und gelegentliche Briefe bewährte Mittel, um in Kontakt zu bleiben. Je

nach Gemütszustand waren die Kontakte mehr oder weniger intensiv, sicher ist, dass sich jede von uns immer Zeit nahm, wenn es der
anderen – aus welchen Gründen auch immer – gerade nicht gut ging.
Einmal fuhren wir sogar für eine Woche nach Mallorca – noch vor der
touristischen Überflutung –, um Ferien zu machen, und besuchten die
Orte, an denen wir gearbeitet hatten. Die schöne Baleareninsel bleibt
uns in bester Erinnerung.

Ab 2014 – die Tourismuszeiten waren für beide längst abgeschlossen – folgten regelmässige Skypekontakte, eine wunderbare Kommunikation für Freundinnen, zumal Bild und Mimik die Qualität der
Kommunikation gegenüber dem Telefon doch wesentlich verbessern.
Während ich diesen Text schreibe, befinden wir uns bereits Ende
2019. Roos ist inzwischen 72 Jahre alt und ich 68, und ich bin fest
davon überzeugt, dass die Freundschaft zwischen Roos und mir bis
zu unserem Tod bestehen wird. Danke, Roos, dass es dich gibt.

Tunesien – ein schwieriger Einsatz

Im ersten Winterhalbjahr gab es keinen Hotelplaneinsatz. Ich erhielt mühelos eine befristete und gut bezahlte Sekretariatsstelle
bei meinem früheren Arbeitgeber Polysar. Im Frühling 1974 kam das
Angebot für Tunesien. Dazu musste ich ein eigenes Auto kaufen (es
war ein Citroën Ami 8) und damit allein von Fribourg via Genua und
Einschiffung nach Tunesien fahren. Für die Reise war ich etwas, doch
nicht übermässig besorgt. Beim Garagisten lernte ich während eines
halben Tages mein erstes Auto kennen, viel über Ölwechsel, Kühlung
der Batterien und Pneuwechseln und was sonst so dazugehört. Mit
Strassenkarten ausgerüstet, fuhr ich ohne Zwischenfälle nach Genua, übernachtete in einem zufällig ausgewählten Hotel und fuhr am
nächsten Morgen zum Hafen, um einzuschiffen. Die Fahrt dauerte
gut 24 Stunden, und leider wurde ich seekrank und verbrachte die
Reise mehrheitlich auf der Toilette statt auf dem Deck oder im Bett.
Am Morgen konnte ich mich rechtzeitig zum Ausschiffen aufraffen.

Von Hotelplan Zürich wusste ich, dass mich am Hafen von Bizerte der Hotelplanresident Max erwarten würde.

Mit grosser Spannung fuhr ich aus dem Schiff und dem Hafengelände hinaus, als mich plötzlich ein wild mit den Armen fuchtelnder Mann zum Anhalten zwang. «Du musst Helena sein, mit deiner Freiburger Autonummer», rief er mir durchs Fenster zu und: «Lisa ist auch schon hier. Wir fahren jetzt zuerst ins Büro nach Tunis und später begleite ich euch nach Hammamet und Sousse.» Bevor ich etwas antworten konnte, war er weg, und ich konnte gerade noch sehen, in welches Auto er stieg. Dann ging's los, und es bedurfte äusserster Konzentration, um ihm zu folgen. Im Büro erklärte er uns den Ablauf der Administration, dann lud er uns zu einem ersten tunesischen Mittagessen ein, und schon befanden wir uns in einer Dreierkolonne auf der holprigen Strasse nach Hammamet. Wir fuhren zum Hotel wo Lisa wohnen und die Kunden rund um Hammamet betreuen sollte. Dann ging's rund drei Stunden weiter nach Sousse, wo ich zum Beginn im Hotel Boujavar – später im Hotel Marhaba – wohnte, und zum Abschluss zeigte er mir die weiteren fünf bis sechs Hotels, die zu meinem Einsatzgebiet gehörten.

Tunesien war zu dieser Zeit ein recht offenes Land, Frauen trugen weder Schleier noch Foulard, sie arbeiteten in den Hotels, und alle im Tourismus Beschäftigten beherrschten ein gutes Französisch. Mit den Männern war der Umgang etwas schwieriger, denn viele von ihnen hatten Mühe, von einer Frau einen Auftrag – zum Beispiel für Flughafentransfers – anzunehmen und erst recht, sich die Rechnungen visieren zu lassen, doch genau das war meine Aufgabe. Nun, ich tat mein Bestes, gab alle Aufträge schriftlich, und mit etwas höflichem ‹Small-talk› gelang es mir meistens, mit ihnen zurechtzukommen. Der Tagesausflug zur römischen Ruine Kairouan und der zweitägige Ausflug in den Süden nach Matmata und die Wüste waren bei den Touristen sehr begehrt, zeigten sie doch besonders attraktive Sehenswürdigkeiten Tunesiens.

Etwa zwei Monate ging alles gut, und ich musste nicht so hart arbeiten wie auf Mallorca, bis mich eines Morgens Max, mein Chef, anrief und sagte, ich müsse ab sofort auch Hammamet betreuen. Der Grund: Lisa, die wegen eines tunesischen Freunds zum zweiten Mal nach Hammamet gekommen war, spürte plötzlich, dass er doch nicht der richtige Partner war. Sie wollte sich trennen, was dieser nicht akzeptieren konnte. Er schlug sie zusammen und drohte, sie umzubringen. Sie flüchtete zu Max nach Tunis, und ihm blieb nichts anderes übrig, als Lisa nachts zum Hafen Bizerte zu eskortieren und zu überwachen, bis sie auf der Fähre nach Genua auf dem sicheren Heimweg war.

Von nun an fuhr ich dreimal pro Woche nach Hammamet – je rund zwei Stunden Hin- und Rückfahrt – und betreute nebst meinen Gästen in Sousse und Monastir auch die Gäste in Hammamet. Das raubte mir fast die gesamte Freizeit. Wegen Lisas Erfahrung läuteten bei mir alle Alarmglocken, wenn ein gut aussehender Tunesier mit mir flirten wollte. Notfalls log ich und sagte, dass ich in der Schweiz gebunden und mir Treue wichtig sei. Das wurde akzeptiert.

Die in den ersten zwei Monaten erlebte Unbeschwertheit meines Einsatzes wurde immer häufiger durch Ereignisse gestört, die mir die Durchsetzungskraft und das Leben ganz allgemein erschwerten. Es war ermüdend, immer darum kämpfen zu müssen, dass die Aufträge korrekt ausgeführt wurden. Anfang Oktober war meine Saison abgeschlossen, und ich war froh, mit meinem Ami 8 und diesmal ohne Seekrankheit auf der Fähre von Bizerte nach Genua und von dort ohne Zwischenfälle auf der Strasse in die Schweiz zurückzufahren. Hier erwartete mich ein früh einbrechender Wintertag. Rund zehn Tage mussten ausreichen, um mich bei meinen Eltern zu erholen, mein Auto zu verkaufen und mich für den nächsten Einsatz ab Mitte Oktober fit zu trimmen.

Gran Canaria – unkompliziert und sympathisch

Meine Hotelplanwinterdestination war auf den Kanarischen Inseln, genauer im Süden von Gran Canaria, in Playa del Ingles. Hier hatte ich wieder das Glück, mit einer sehr sympathischen niederländischen Kollegin zu arbeiten und erst noch komfortabel zu wohnen: Jede von uns hatte eine Zweizimmerwohnung mit Küche und Balkon zur Verfügung sowie einen Seat 500 zur Betreuung unserer Gäste in den zum Teil weit verstreuten Hotels bis Maspalomas.

Unsere Vorgängerin HanneLore zeigte uns in den ersten Tagen die Hotels und erklärte einige Besonderheiten der Ausflüge und der Arbeit auf Gran Canaria. Unser Chef, ein Spanier, war in der Hauptstadt Las Palmas und erledigte den grössten Teil der Administration mit den Hotels und der Zentrale. Für die Koordination unserer Arbeit standen wir regelmässig telefonisch mit ihm in Kontakt. Eines Tages erhielten wir einen Anruf aus Zürich, Herr J. sei von der Interpol wegen Drogenhandels verhaftet worden, und wir müssten damit rechnen, von der Polizei befragt zu werden, was nie geschah. Wir schlugen uns allein durch, bis nach einigen Wochen der neue Leiter des Büros von Las Palmas eintraf. Es war Max, den ich aus Tunesien kannte.

Die Arbeit auf Gran Canaria unterschied sich nicht gross von jener auf Mallorca, unsere Zusammenarbeit war harmonisch, und wir hatten eine – für Hostessenverhältnisse – relativ gut geregelte Freizeit. Mabel hatte grosse Lust, im Westerndorf Sioux City reiten zu lernen und bat mich, mitzumachen, was ich denn auch tat. So fuhren wir zwei- bis dreimal pro Woche am frühen Morgen zu unserem Reitlehrer Xavier, bevor wir um 09:00 Uhr mit unseren Hotelbesuchen begannen. Mein Pferd Pharaon gefiel mir sehr, und ich durfte es bis zum Ende meines Aufenthalts auf Gran Canaria immer reiten. Nur einmal brach er aus und galoppierte in einem unglaublichen Tempo Richtung Stall. Ich legte meine Arme fest um seinen Hals und beugte meinen Kopf tief nach unten. Es gelang ihm nicht, mich abzuwerfen, auch nicht, als er einen knappen Meter vor der Stalltür brüsk abbremste. Es war die einzige Herausforderung meiner kanarischen Reiterfahrung, ansonsten waren Pharaon und ich gute Freunde. Mabel und ich ritten im Westernsattel, was wesentlich einfacher als auf einem englischen Sattel ist. Das Reiten war ein sehr schöner Ausgleich zu unserer Arbeit, und ich war froh, dass mich Mabel dazu animiert hatte – eine Erfahrung, die ich sonst nicht gemacht hätte.

Für uns beide war es das erste Mal, Weihnachten nicht zu Hause in der Familie feiern zu können. Wir gestalteten uns ein eigenes Weihnachtsfest mit Kerzen, kleinen Geschenken, gutem, selbst gekochtem Essen und feinem Wein. Unsere friedliche Zusammenarbeit und unsere Freundschaft trösteten uns über die grosse Entfernung zum Elternhaus hinweg. Mit Mabel und HanneLore bin ich bis heute in Kontakt, wenn auch diese Freundschaften nicht ganz so tief gehen wie jene mit Roos.

Kenia – reale Gefahren ohne bewusste Wahrnehmung

Kenia zählt zu den abenteuerlichsten Aufenthalten meiner Reiseleiterinnenzeit, obwohl mir das damals gar nicht bewusst war. Als mir am Ende meines Einsatzes auf Gran Canaria das ostafrikanische Land Kenia angeboten wurde, sagte ich ohne Wenn und Aber zu, denn schliesslich hatte ich ja bereits mit Tunesien eine erste Afrikaerfahrung gesammelt. Ich wurde für die Sommersaison beauftragt, was für Kenia nicht die Hauptreisezeit war. Allerdings war ich im Alleineinsatz, und das hiess, ich musste die gesamte Küste von Malindi – wo ich wohnte – bis Mombasa und zum südlichsten Zipfel, dem Hotel Robinson Baobab, allein betreuen. Ich fuhr zweimal pro Woche die gesamte Strecke am gleichen Tag hinunter und zurück, insgesamt rund 600 km, und besuchte unterwegs mehrere Hotels, vor allem in Mombasa und im Süden. Dafür wurde mir ein Toyota zur Verfügung gestellt, der im guten Zustand war, sodass es nie zu einer Panne kam. Der überwiegende Teil der Strasse war ‹Piste›, also in der Mitte ein gut asphaltierter Streifen, links und rechts davon harter Sand. Beim Kreuzen mit einem anderen Auto war es immer ein schnelles Abmessen, wer das stärkere Auto hat, meistens war ich es, und so blieb ich auf dem Streifen und der andere musste rechtzeitig auf den Rand ausweichen. Allerdings gab es kaum Verkehr, und so konnte ich oft über längere Zeit mit 120 bis 140 Stundenkilometern fahren. Zwei Passagen über Flüsse, eine Fähre und eine Brücke verlangsamten den Gesamtdurchschnitt.

Ich wohnte im Hotel Lawfords in einem einfachen Doppelbungalow, einige Meter ausserhalb des Hotelgebäudes, doch immer noch im Hotelgelände. Neben mir wohnte Annelies, eine deutsche Kollegin von Neckermann. Unsere Bungalows waren mit je einem Schlafraum, einer rudimentären Nasszelle (alles auf Natursteinboden), einer Duschecke ohne Vorhang und einem winzigen Lavabo eingerichtet. Im Schlafraum war ein Einzelbett mit Moskitonetz und Ventilator an der Decke, der bei Hitze für etwas Luft sorgte. Dazu gab es einen einfachen Holzschrank, einen kleinen Tisch und einen Stuhl. Bei trockenem Wetter war die spartanische Einrichtung durchaus akzeptabel, zumal man draussen sitzen konnte. Oft sassen wir abends vor unseren Häuschen und genehmigten uns einen Schlummertrunk. Wenn es regnete, konnte es ungemütlich werden, vor allem dann, wenn man bei Dunkelheit nach Hause kam. Vor meiner Tür war immer ein Reisbesen. Ich öffnete sorgfältig die Tür, machte Licht und schaute, welche Tierchen sich angesammelt hatten (zu dieser Zeit war es für mich einfach Ungeziefer). Meist waren es fingerdicke, schwarze Regenwürmer und einige Käfer. Mit dem Besen beförderte ich sie vor die Haustür und von dort auf die Wiese. Nie stieg ich vom Bett direkt in meine Sandalen, sondern warf immer zuerst einen prüfenden Blick auf eventuelle ‹Besucher›. Auch daran gewöhnt man sich.

Nach der ersten ‹Schlangenshow›, die ich jeden Sonntagabend vom Englischen ins Deutsche und Französische übersetzen musste, hatte ich nach Mikes Aussage, dass Schlangen hervorragend klettern können, eine schlaflose Nacht, denn zwischen Bungalowmauer und

Schindeldach gab es eine etwa 20 cm hohe Lücke. In meinen Phantasien sah ich grüne Mambas und andere Giftschlangen in meinen Bungalow kriechen. Das Moskitonetz hätte sie auch nicht vor meinem Bett zurückgehalten. Zum Glück hatte ich von Mike – dem Leiter der Schlangenfarm – gelernt, dass sich Schlangen mindestens so stark vor Menschen fürchten wie wir von ihnen. Die Schlangenphobie verging schnell, sodass ich über die gesamten sechs Monate meines Keniaaufenthalts mehrheitlich ruhig schlafen konnte – ohne Schlangenbesuch.

Eine etwas beängstigende Begegnung hatte ich in den ersten Wochen abends an meinem Empfangspult zwischen Hotel und Bungalow, wo ich zu später Stunde arbeitete. Ein überaus grosser, muskulöser Mann stand plötzlich hinter der Theke und sagte mit lauter Stimme «I want to f... you!» Aus meiner Konzentration gerissen, hatte ich ihn nicht kommen gehört, und so war ich für einen Moment ziemlich über die bedrohliche Figur erschrocken. Mit einmal tief Durchatmen und meiner antrainierten Höflichkeit für gefährliche Situationen antwortete ich mit völlig ruhiger Stimme: «I beg your pardon, I don't understand.» Er fluchte noch ein paar Sätze vor sich her, doch dann kam zum Glück der Securitasangestellte des Hotels und schubste ihn aus dem Hotelgelände hinaus. Er kam nie wieder.

Angst hatte ich in Kenia in der Regel nicht, denn das Land war 1975 politisch stabil, und ich hatte nie gehört, dass jemand auf der Strasse angegriffen worden wäre. Ich tat meine Arbeit wie zuvor auf Mallorca, in Tunesien und auf Gran Canaria, betreute die Gäste, begleitete sie auf Kurzausflüge, erledigte die administrativen Aufgaben und ging ab und zu auf eine kurze Safari, um selbst zu wissen, welche Reisen ich den Touristen empfehlen wollte.

In Malindi wurden Reitausflüge angeboten, und so beschloss ich eines Tages, das mir auf Gran Canaria lieb gewordene Reiten wieder aufzunehmen. Im Reitstall wurde mir ein riesiges Pferd angeboten – das einzige, das frei war. Das Pferd und ich waren uns auf Anhieb unsympathisch, und mit Wehmut dachte ich an ‹meinen› Pharaon zurück. Ausserdem mussten wir im englischen Sattel reiten, was mir nach dem weitaus bequemeren Westernsattel ziemlich schwierig vorkam. Halbschuhe statt Flip-Flops reichten aus, um aufs Pferd zu steigen, es gab keine Reithelme.

Wir – der Reitlehrer und etwa sechs weitere Personen – ritten zuerst im Trott, dann im Trab über Äcker Richtung Strand, als mein Pferd plötzlich beschleunigte, alle anderen im Galopp überholte und hinter sich liess. Ich versuchte mit allen Kräften, mich am unendlich langen Hals des unfreundlichen Pferdes zu halten, doch plötzlich stoppte es abrupt, und ich flog, laut Aussage meiner Mitreiter, im hohen Bogen in eine Sanddüne. Welch ein Glück! Kurz zuvor war der Boden noch steinig gewesen. Der Reitlehrer hatte mit einem Lasso zuerst das flüchtende Pferd eingeholt, dann kam er zu mir zurück. Ich hatte den ersten Schrecken und die Erschütterung überlebt, der ganze Körper, alle Glieder taten entsetzlich weh, doch beim Versuch, aufzustehen, war ich mir sicher, mir nichts gebrochen zu haben. Ich zitterte noch am ganzen Körper, doch der Reitlehrer befahl: «Du musst wieder aufsteigen, ansonsten wirst du nie wieder reiten können!» Ich wehrte mich vehement, doch er liess nicht nach. Wir einigten uns schliesslich darauf, dass ich sein Pferd reiten würde und er meines. Im Trab ging's nun weiter zum Strand, und dies war wirklich ein Erlebnis, in der frühen Dämmerung, am kilometerlangen Strand von Malindi zu reiten, da kann man geradezu in Trance geraten. Irgendwann kehrten wir um und zum Reitstall zurück, es gab keine weiteren Zwischenfälle. Der Reitlehrer wollte mit allen einen Termin für den nächsten Ausritt vereinbaren, ich sagte vorerst zu, um keine Diskussion auszulösen. Im Hotelbadezimmer betrachtete ich meinen Körper, der aussah, als ob ich grün und blau geschlagen worden wäre. Es dauerte Wochen, bis die Schmerzen nachliessen und die Hautfarbe wieder normal wurde. Ich meldete mich beim Reitlehrer ab und bin seither nie mehr geritten.

Auf einem Nachtausflug mit Gästen zu Volkstänzen der Kikuyu im nördlichen Kenia hatte ich unter Millionen von funkelnden Sternen dieses unvergessliche Erlebnis, das ich später als ‹Vision› bezeichnet und beschrieben habe. Es ist das nachhaltigste Erlebnis in Kenia, obwohl mir die Begegnungen mit Elefanten, Löwen, Giraffen, Büffelherden und Vögeln aller Art auf den verschiedenen Safaris durchaus in sehr guter und lebendiger Erinnerung geblieben sind.

Etwa zur Halbzeit wurde ich vom lokalen Touroperator auf eine Flugsafari eingeladen, die über Kenia hinaus nach Tansania ging. Pflichtbewusst holte ich meinen Reisepass aus dem Hotelsafe, wo er lagerte, seit der Hotelplanagent von Nairobi ihn mir zurückgeschickt hatte, mit der Auskunft, dass mein Visum bis zur Ausreise Anfang Oktober in Ordnung sei. Kurz vor der Landung in Tansania bat uns der Pilot, ihm unsere Pässe zu geben, weil er diese bei der Ankunft vorweisen müsse. Meinen Pass schaute er besonders lange an, bis er sich mir etwas irritiert zuwendete und halb vorwurfsvoll äusserte: «Wissen Sie eigentlich, dass Sie seit drei Monaten illegal im Land sind?!» Ich glaubte, ihn nicht richtig verstanden zu haben, und fragte nach: «Illegal? Wie meinen Sie das genau?» Und er antwortete: «Das heisst, dass Ihr Touristenvisum drei Wochen nach Ihrer Ankunft abgelaufen ist!» Und ich sagte: «Das kann doch nicht sein! Unser Agent, Herr Diem aus Nairobi, hat im Auftrag von Hotelplan die Sache für mich erledigt, das Touristenvisum zu einem Aufenthaltsvisum bis Ende Oktober erweitert und mir versichert, dass alles in Ordnung sei.» – «Nun, davon ist im Pass nichts zu sehen», befand der leicht genervte Pilot. Und ich, noch ziemlich naiv bezüglich lokaler Behörden, stellte mir vor, bei nächster Gelegenheit meinen Aufenthalt in Mombasa in Ordnung bringen zu können. Doch der Pilot warnte mich: «Sie gehen zwei Risiken ein. Entweder, Sie müssen mit dem nächsten Flugzeug ausreisen, und dann haben Sie Glück, oder Sie kommen auf unbestimmte Zeit ins Gefängnis.» Nun wurde es wirklich ungemütlich. Ziemlich beklommen fragte ich ihn nach einer Alternative, und er sagte: «Sie tun gar nichts und dürfen hoffen, dass Sie niemals einen Unfall haben oder sonst wie in einen Konflikt mit der Polizei geraten. An dem Tag, an dem Sie ausreisen müssen, überlegen Sie sich einen Trick, damit Ihr Pass nicht zu genau angeschaut wird.»

Ich befolgte seinen Rat und verbannte die Gefahr in den allerhintersten Winkel meines Gehirns, informierte meinen Chef in Zürich und sprach sonst mit niemandem darüber. Ich legte meinen Pass in den Hotelsafe zurück, fuhr weiterhin ein- bis zweimal pro Woche meine 600 km für die Hotelbesuche, tat meine Arbeit wie gewohnt und vermied jede Reise, die mich ausserhalb von Kenia geführt hätte. Nach drei Monaten nahte meine Rückreise.

Mein Chef in Zürich beauftragte mich, meinen Pass an den Agenten in Nairobi zu schicken, der für ein Tagesvisum für Flugbegleiter sorgen werde (bei Neckermann trafen sie am Morgen ein und reisten abends wieder ab), womit ich durch die Passkontrolle käme. Ich sei auf dem Balair-Flug gebucht, der von Nairobi via Rom und Mailand nach Zürich fliege. Inzwischen hatte ich mit meiner Neckermannkollegin Annelies über den Sachverhalt gesprochen. Diese informierte ihre Kollegin Elke in Nairobi und bat sie, mich zu unterstützen. Am Abreisetag flog ich mit sehr viel Gepäck (u. a. einem grossen Elefanten aus Holz) von Malindi nach Nairobi. Bei der Ankunft erwartete mich der Agent, übergab mir den Pass und verschwand. Elke erwartete mich bei der Gepäckausgabe und begleitete mich zum Einchecken. Ich war im Besitz eines handgeschriebenen Balair-Tickets auf dem gerade stand: Nairobi–Zürich. Doch dieser Flug wurde nicht angezeigt. Dank Flugnummer wurde klar, dass es sich um den Flug nach Rom und Mailand handelte. Beim Check-in bat ich den Angestellten, mein gesamtes Gepäck, rund 50 Kilogramm, direkt nach Zürich einzuchecken. Er weigerte sich, mit dem Argument, der Flug gehe nur bis Mailand. Ich hielt ihm mein Ticket unter die Nase, worin klar und deutlich zu lesen war: ‹Nairobi–Zürich›. Ich hatte mit Schwierigkeiten gerechnet, nicht zuletzt wegen der Menge des Gepäcks, und einen anständigen Betrag in einem Couvert vorbereitet. Dieses drückte ich ihm in die Hand und bat ihn flehend, mein Gepäck anzunehmen und mit Flughafen Zürich zu beschriften. Ich jammerte, dass ich sonst nicht nach Zürich fliegen könne, wo mich meine Eltern dann vergeblich erwarteten, wenn ich in Mailand zwischenlanden müsse und sie nicht mehr erreichen könne, und dies, nachdem wir uns über sechs Monate nicht mehr gesehen hatten. Das entsprach der Wahrheit. Er warf einen Blick in das Couvert und gab nach. Uff!!! Das erste Hindernis war überwunden.

Jetzt kam der schwierigere Teil. Elke, die ihren festen Arbeitsplatz für Neckermann am Flughafen Nairobi hatte, sagte, sie käme mit mir zur Passkontrolle und übernähme das Reden: Die attraktive, grosse Frau mit blonden Haaren und blauen Augen hielt dem Beamten meinen Pass mit dem Einreisevisum vom Morgen unter die Nase, schenkte ihm ein wunderbares Lächeln und meinte, wie traurig es sei, dass ich als Flugbegleiterin nur einen Tag habe bleiben dürfen und jetzt das schöne Land schon wieder verlassen müsse. Er lächelte zurück und stempelte meinen Pass mit dem Ausreisevisum. Geschafft. Noch leicht in den Knien zitternd, kam ich in die Wartehalle und hätte beinahe gejubelt, als ich durch das Fenster ein grosses Balair-Flugzeug sah. Ich hätte es am liebsten umarmt. Wild entschlossen, nahm ich mir vor: In diesem Flugzeug bleibe ich sitzen, bis es irgendwann, mit oder ohne Umwege, in Zürich landet.

Ich heftete meinen Blick auf eine grosse Uhr an der Wand und hatte das beunruhigende Gefühl, dass die Minuten noch nie so langsam verstrichen waren. Endlich wurde der Flug ausgerufen. Beim Durchgang zum Flugzeug fiel niemandem auf, dass auf meiner Bordkarte Nairobi–Zürich stand, obwohl es nach Rom und Mailand fliegen sollte. Ich fand meinen Sitzplatz im Flugzeug, und erst, als es abhob, löste sich meine unglaubliche Anspannung der letzten Stunden, und ich musste zuerst mal eine Weile weinen. Geschafft! Ich war trotz dieses unmöglichen Prozederes *nicht* in einem kenianischen Gefängnis gelandet.

Bis Rom konnte ich sogar ein Weilchen schlafen, dann kam die Landung in Mailand, und alle Passagiere wurden verabschiedet und gebeten, auszusteigen. Ich blieb natürlich sitzen. Die Maître de Cabine kam zu mir und bat mich, auszusteigen, doch ich zeigte ihr stolz meine Bordkarte und die Gepäcketiketten nach Zürich. Sie schüttelte ziemlich ungläubig den Kopf, und so zeigte ich ihr auch den Brief meines Zürcher Chefs, in dem stand, dass ich in diesem Flugzeug nach Zürich reisen müsse, weil es eine Vereinbarung zwischen Hotelplan und Balair gebe. Sie liess mich zunächst sitzen, doch dann kamen zwei Flughafenpolizisten ins Flugzeug und wollten mich zum Aussteigen zwingen, weil dieser Flug ab Mailand nach Zürich als Leerflug gemeldet sei. Auch ihnen zeigte ich meine gültigen Papiere, die mir das Recht gaben, bis Zürich zu fliegen, und drückte zudem auf die Tränendrüse. Entnervt gaben sie es auf, mich aus dem Flugzeug zu weisen, und der ‹Leerflug› konnte in Richtung Zürich abheben.

Die Ankunft am Sonntagmorgen kurz nach 06:00 Uhr war gespensterhaft. Ich durfte mit dem Bus der Crew zum Flughafengebäude fahren, weil ja keine Passagiere gemeldet waren. Ich ging zur Gepäckausgabe, wo man mich fragte, woher ich käme, was ich wahrheitsgemäss mit Nairobi angab. Und siehe da, noch während meiner Beteuerungen, dass ich wirklich aus Kenia angereist sei, traf mein Gepäck ein: drei Koffer, eine Reisetasche und eine riesige Schachtel, in die ich meinen Holzelefanten eingepackt hatte. Obwohl den Beamten meine Ankunft ziemlich suspekt vorgekommen sein muss, verzichteten sie sogar darauf, meinen ziemlich schweren Elefanten auszupacken und genauer anzuschauen (sie hätten nichts gefunden).

Nur ganz knapp gelang es mir, das gesamte Gepäck auf einen Wagen zu stellen. Damit lief ich zum Busbahnhof und fuhr mit dem Swissair-Bus nach Bern. Etwa anderthalb Stunden später konnte ich meine Eltern in die Arme schliessen und mit ihnen nach Hause fahren.

Wenn ich heute, über 40 Jahre später, auf meinen ‹illegalen› Arbeitsaufenthalt in Kenia und insbesondere auf die abenteuerliche Rückreise in einem offiziell nicht existierenden Flug nach Zürich zurückblicke, stelle ich mit grosser Erleichterung fest, dass ich mir damals der realen und potenziellen Gefahren nicht bewusst war. Mit 23 Jahren war ich mutig und zuversichtlich und hatte keine Ahnung, was mir alles hätte passieren können, und das war gut so. Doch jedes Mal, wenn in den Nachrichten über kriegerische Konflikte in Kenia berichtet wird, atme ich innerlich erleichtert auf, dass damals alles gut gegangen ist. Die geschilderte Situation bleibt emotional und bildhaft für immer gespeichert. Heute käme kein einziger Touroperator auf die Idee, eine junge, weisse Frau in Kenia zu stationieren und sie allein über so weite Strecken herumfahren zu lassen.

Bali – Glück und Trauer um das verlorene Paradies

Kaum war ich 1976 nach der Landung eines strapaziösen Fluges am kleinen Flughafen von Bali aus dem Flugzeug gestiegen, geriet mir der seither unverkennbare Duft einer Frangipaniblüte in die Nase. Der unscheinbare Baum mit den wunderschönen, gelb-weissen Blüten stand im krassen Gegensatz zum Empfangsgebäude, das eher einer Baracke glich, und gab mir aus heiterem Himmel ein starkes Gefühl, zu Hause angekommen zu sein. Zu Hause? Nie zuvor war ich hier gewesen, ja, nicht einmal in anderen Teilen Asiens. Verwundert oder fast ein wenig in Trance, kam ich durch die Passkontrolle, holte mein Gepäck, und draussen wartete ein freundlich lächelnder Balinese mit farbenfrohem Batikhemd und Hut und hielt ein Schild mit meinem Namen hoch. Er hiess mich herzlich willkommen, nahm mein Gepäck und führte mich zum Auto mit Chauffeur, das uns ins Hotel Bali Hyatt nach Sanur brachte, dem damals einzigen touristisch erschlossenen Ort auf Bali.

Die kurze Fahrt auf einer holprigen Strasse durch eine üppige Landschaft aus Palmen, Blumen und weiteren Tropenpflanzen kam mir paradiesisch vor. Das aus verschiedenen Gebäuden bestehende Hotel Bali Hyatt, umgeben von prachtvollen Gartenanlagen mit natürlichen Teichen, Brunnen mit Steinskulpturen, Bäumen und Pflanzen soweit das Auge reichte, kam mir wie purer Luxus vor. Das also sollte tatsächlich für die nächsten sieben Monate mein Zuhause sein? Mein Trancezustand hielt an, irgendwann würde ich doch wohl aus diesem überglücklichen Schwebezustand erwachen. Ich glaube, dass ich damals zum ersten Mal in meinem ganzen Leben dieses starke Gefühl von «Heimat», im Sinne von Zugehörigkeit, spürte. Ja, hier gehörte ich her, von hier stammte ich, hier wollte ich bleiben.

Noch wusste ich wenig über den in Bali gelebten Hinduismus und dem damit verbundenen Glauben an die Wiedergeburt der Seele, doch was ich hier erlebte, musste es sein. Sicher war ich in einem früheren Leben in Bali geboren, hatte hier ein glückliches Leben geführt und kam nun, aus einer völlig fremden Kultur, hierher zurück.

Es sollten sieben unbeschwerte, ja, glückliche Monate werden, wie ich sie in dieser Intensität weder früher noch später jemals erlebt habe. Selbst jetzt, 43 Jahre später, spüre ich beim Schreiben tief in mir das Glück, das ich damals empfand, auf Bali zu leben, und gleichzeitig die Trauer, dass dieses Paradies zerstört wurde. Doch darüber später.

Nun war ich hier, voller Energie, Wissens- und Tatendrang. Wie in anderen Ländern erledigte ich auch hier die administrativen Pflichten, besuchte unsere Gäste in den fünf Hotels, die Hotelplan im Angebot hatte, und begleitete sie jede Woche auf phantastische Exkursionen. Jeden Tag lernte ich Neues über die Besonderheiten der Paradiesinsel Bali, über Menschen, Gebräuche und Traditionen sowie über die starke Bindung an den Hinduismus.

Nie langweilte es mich, die Leute zu den Tempeln und Palästen früherer Maharadschas sowie zu den mystischen Tänzen zu begleiten, und mehrmals hatten wir sogar die Chance, an einer traditionellen Kremierung teilzunehmen. Je nach Kaste wurde der Körper in einem Löwen oder Stier aus Pappmaché auf einem Wagen zur Kremationsstelle gebracht; dies in einer langen Prozession, an der Frauen und Männer in ihren traditionellen Festkleidern liefen. Die Frauen trugen meterhohe Opfergaben, bestehend aus Nahrung und Blumen, auf ihrem Kopf – wahrlich ein Bild für die Götter!

Ich fühlte mich zu Hause und bat meine Gäste, die Prozession und die Verbrennung aus einer angemessenen Distanz zu betrachten und nur behutsam zu fotografieren. Wir waren als Fremde akzeptiert, solange wir uns respektvoll verhielten. Glücklicherweise waren es damals höchstens 20 bis 30 Ausländer, die an dieser tiefreligiösen Trauerfeier mit gebührendem Abstand teilnahmen.

Eindrücklich, ja, geradezu mystisch waren die traditionellen balinesischen Tänze, die Szenen aus dem Ramayana und Mahabarata aufführten. Beim Kecak-Tanz konnte man leicht selbst in Trance geraten, wenn in einem Kreis 50 bis 150 Männer mit nacktem Oberkörper und schwarz-weiss kariertem Sarong allein das Wort Kecak in immer wieder neuen Rhythmen skandierten. In der Mitte spielte sich eine kleine Szene des Königspaars Rama und Sita aus dem Epos Ramayana ab. Ich habe nie einen Gast erlebt, der von diesem nächtlichen Schauspiel nicht begeistert war. An den Abenden erklang in der Hotelhalle die klassische Gamelanmusik, die etwas Beruhigendes, fast Meditatives hat. Wo auch immer ein Fest, eine Tempelzeremonie oder eine religiöse Prozession stattfand, das vier- bis zwölfköpfige Gamelanorchester war immer dabei. Die Instrumente bestehen aus Xylophonen, Messingbecken und Gongs.

Nie werde ich den Abend vergessen, an dem mich in meinem Hotel an einem Abend ein freundlicher Mann bat, sich an meinen Tisch setzen zu dürfen. Er entpuppte sich als Franzose, der im Auftrag der UNESCO auf Bali eine Studie durchführte, ob, und wenn ja, wie viel Tourismus Bali zusätzlich vertragen würde, ohne seinen zutiefst traditionellen hinduistischen Charakter (als einziger Teil des grossen islamischen Indonesiens) zu verlieren. Ich war entsetzt. Allein der Gedanke, dass der Flughafen für grosse Flugzeuge ausgebaut und im Süden der Insel zusätzliche Hotelressorts entstehen würden, verursachte mir Bauchschmerzen. Ich stellte mir ein zweites Rimini oder El Arenal vor, die bereits in den 1970er Jahren ein denkbar schlechtes Image aufgrund des Massentourismus hatten. Den Namen dieses Mannes habe ich vergessen, doch wir diskutierten die halbe Nacht heftig über die Vor- und Nachteile eines wachsenden Tourismus auf Bali.

Wir haben uns nie wiedergesehen, doch ich denke, dass er bei der UNESCO für ein sehr sorgfältiges Wachstum plädiert hatte. Gleichzeitig ist mir bewusst, dass ein einziger Mensch kaum etwas ausrichten kann, wenn nicht nur vonseiten der touristischen Organisationen, sondern sogar von der balinesischen Regierung (oder wohl eher vom damaligen Präsidenten Indonesiens im weit entfernten Jakarta) die Tourismusinfrastruktur auf Bali Schritt für Schritt erweitert wurde. Während die Hotels im Süden der Insel allein aufgrund des Hochpreissegments noch eine gewisse Exklusivität boten, weit weg von ursprünglichen balinesischen Dörfern, entstand im südwestlichen Kuta ein Massentourismusdorf, das ich mir schlimmer nicht hätte vorstellen können. Meine Befürchtungen eines ‹Ballermanns› auf Bali hatten sich am Kuta-Beach verwirklicht.

Zwar hatte ich mir vorgenommen, nicht mehr nach Bali zu reisen, doch Anfang der 1990er Jahre wagte ich es dennoch, allerdings weit vom Massentourismus entfernt. 1990 reiste ich mit einer Gruppe unter der behutsamen Leitung des Tai-Chi-Lehrers Patrick in den Osten der Insel in einen (damals) abgelegenen hinduistischen Ashram in Candi Dasa. Wir wohnten in einfachen Bungalows am Meer und nahmen teilweise am Leben der Bewohner*innen des Ashrams teil, der von einer weisen, sehr alten Balinesin nach Gandhis Prinzipien geführt war, was bedeutet: junge Balinesinnen und Balinesen werden in alle Arbeiten des balinesischen Landlebens eingeführt. Zudem erhalten sie Schulbildung und Wissen über hinduistische Riten. Wichtig waren die morgendlichen und abendlichen Pujas (Gesangsmeditationen in Sanskrit), an denen wir als Gäste teilnehmen durften. Je nach Alter blieben sie ein Jahr oder länger. Ziel der Ausbildung war es, dass sie später in ihre Dörfer zurückkehren und ihr Wissen an die Dorfbevölkerung weitergeben konnten.

Wir Ausländer übten täglich viel Tai-Chi und machten Spaziergänge in den Bergen der Umgebung. Diese vier Wochen brachten mir zwar nicht mehr die ausgeprägten Glücksgefühle des Jahres 1976 zurück, doch war ich froh, zu erleben, dass der Massentourismus noch nicht alle Teile der Insel zerstört hatte. Deshalb reiste ich 1991 ganz allein für vier Wochen in denselben Ashram zurück. Es war die Zeit, in der

ich nach vier erfolgreichen Jahren als Redaktorin bei der Handelszeitung meine Zukunft neu gestalten wollte. Damals formulierte ich
mein neues Ziel, nicht mehr nur ‹Schreibtischtäterin› sein zu wollen,
sondern direkt mit Menschen zu arbeiten.

Und 2014 wollte ich es nochmals wissen. Diesmal reiste ich mit meinem Partner Emil nach Bali. Es war mir ein Anliegen, ihm zumindest
eine Ahnung davon zu geben, wo ich 1976 gearbeitet und mich so
unendlich glücklich gefühlt hatte. Eine Freundin hatte mir von einem
Aufenthalt in Westbali erzählt, wo ein balinesischer Reiseleiter in
seinem Privathaus in der Nähe von Tabanan Gäste empfängt. Ketut,
so sein Name, und seine Familie empfingen uns mit grosser Herzlich-
keit an ihrem Familientisch und beherbergten uns in einem separaten
Häuschen, rund 200 Meter von ihrem grossen Wohnhaus entfernt.
Wir wohnten inmitten eines Reisfelds, von Bäumen und Pflanzen und
genossen die Ruhe. Ketut zeigte uns Teile der Insel, die von Touristen
weitgehend verschont geblieben waren. Er und seine Frau führten
uns unter anderem für zwei Tage in den Norden, und wir besuchten
den Tanah-Lot-Tempel direkt am Meer, den ich seit 1976 nicht mehr
gesehen hatte. Nach dieser Woche führte er uns nach Sanur, wo
wir für zwei Wochen ein Hotel am Meer reserviert hatten. Wir genossen die Ruhe und unternahmen einige Ausflüge ins Zentrum und
zum östlichen Teil der Insel. Beim Muttertempel des Gunung Agung
durften wir sogar ein eindrückliches Tempelfest erleben. Hunderte
von Balinesinnen und Balinesen hatten sich hier in ihrer traditionellen
Kleidung versammelt. Sie beteten und brachten ihre Opfergaben dar.
Wir waren nahezu die einzigen Fremden und beobachteten das Geschehen aus respektvoller Distanz.

Es war insgesamt eine vielfältige, eindrückliche und schöne Reise.
Dennoch: In meiner Wahrnehmung hat Bali seine Unschuld, ja, seinen
früheren Charme verloren. Aufgrund des Tourismus kamen viele Ar-
beiter und Hotelangestellte aus dem benachbarten Java auf die Insel.
Unzählige Reisfelder mussten dem Baumboom wegen des starken
Bevölkerungswachstums weichen. Kaum ein Dorf, in dem nicht eine

Mosche mit Minarett die starke Präsenz des Islams demonstriert. Das ist nicht als Kritik *an* dieser so völlig anderen Religion zu verstehen. Ich will damit nur sagen, dass der früher dominierende Hinduismus stark in den Hintergrund gedrängt wurde. Und noch mehr Zerstörung erfolgte aufgrund des internationalen Tourismus, von Leuten, die auf Bali vor allem das Strandleben und Dolce far niente suchen. Zwar haben sich Traditionen, wie die Bereitstellung von Opfergaben in Hindutempeln und vor den Haustüren sowie viele weitere Bräuche des Alltags bewahrt, doch mir scheint, dass sie – zumindest in den Tourismusregionen – die frühere Tiefe und Spiritualität verloren haben. Es sieht seltsam aus, wenn Opfergaben vor westliche Luxusgeschäfte gestellt werden.

Mit dieser Reise habe ich mich endgültig von Bali verabschiedet. Ich habe keine Sehnsucht mehr danach, zurückzukehren. Für immer in meiner Erinnerung bleiben die sieben Monate des Jahres 1976, und ich bin traurig, zu erfahren, dass man Schönheit nicht vor Massentourismus schützen kann. Wenn auch nicht im gleich starken Ausmass, so habe ich Ähnliches an anderen Orten erlebt, zum Beispiel in Pamukkale in der Türkei, in der Alhambra in Granada, in Angkor Wat in Kambodscha, in der Eremitage in St. Petersburg sowie in attraktiven Städte wie Barcelona, Palma de Mallorca, Dubrovnik und Venedig. Zahlreiche weitere Beispiele liessen sich aufzählen. Der Tourismus hat ursprünglich in vielen Gegenden auf vielen Kontinenten zu einem gewissen Wohlstand der lokalen Bevölkerung geführt, bis er ins Gegenteil kippte. Heute müssen sich die attraktivsten Orte vor dem Massentourismus schützen, wenn sie daran nicht zugrunde gehen wollen. Auf die Dauer wird es nicht ausreichen, Tickets für ein Besuchsfenster von vielleicht einer Stunde zu einer fixen Zeit auszustellen. Bei wachsenden Tourismuszahlen wird es vielleicht bald einmal Jahreskontingente für maximale Besucher*innenzahl pro Jahr brauchen. Es ist fraglich, ob es ein spontanes, individuelles Reisen noch geben wird.

Zurück in Spanien: die Costa Brava

Auf eigenen Wunsch wurde ich in der Sommersaison an der Costa Brava eingesetzt. Nach weiten Entfernungen wie Kenia und Bali wollte ich gern wieder einmal in Spanien tätig sein. Nach dem friedlichen Bali war die Ankunft an dieser Tourismusküste im nördlichen Katalonien allerdings ein kleiner Schock, doch ich gewöhnte mich schnell daran, denn Ähnliches hatte ich ja bereits auf Mallorca und Gran Canaria erlebt. Einmal mehr war ich für Hotelplan Schweiz allein im Einsatz, wobei ich immerhin von Hotelplan Netherland in der Person von Liz eine gute Kollegin hatte, die die niederländischen Gäste betreute. Wie zwei Jahre zuvor auf Gran Canaria mit Mabel hatten auch wir beide je eine Wohnung und einen Seat 500, um unsere Gäste zu besuchen, die sich auf mehrere Hotels in verschiedenen Ortschaften der Costa Brava verteilten, zum Beispiel Blanes, Lloret de Mar, Tossa de Mar, Sant Feliu de Guíxols und weitere.

Streng waren vor allem die Wochenenden mit den Transfers vom und zum Flughafen von Barcelona, wenn wir beispielsweise um 06:00 Uhr früh mit dem ersten Transfer zum Flughafen fuhren, zwischendurch mehrmals mit neuen Gästen zu den Hotels an der Costa Brava und anschliessend gleich wieder zum Flughafen fuhren, bis wir gegen Mitternacht mit den letzten Ankömmlingen an unserem Wohnort in Lloret de Mar eintrafen. Am Montagmorgen fand spätestens um 09:00 Uhr im ersten Hotel ein Infococktail statt, und weiter ging es nach einer Mittagspause bis in den Abend hinein. Das Gleiche galt für Mittwoch und Freitag.

Liz und ich verstanden uns sehr gut, gingen abends ab und zu in eine Bar, in der zwei Musikanten fröhliche und melancholische, spanische Volkslieder sangen. An einem Samstagabend konnte es vorkommen, dass ich die Zeit vergass und erst gegen 02:00 Uhr beim Schliessen der Bar nach Hause kam. Dann nahm ich eine Dusche, schminkte mich, legte meine Uniform, Tasche usw. griffbereit auf einen Stuhl, legte mich mit ausgebreiteten Armen flach auf den Rücken und schlief sofort ein, bis mich um 05:45 Uhr der Wecker aufschreckte und ich 15 Minuten später pünktlich um 06:00 Uhr beim Transferbus eintraf. Der Transfertag konnte losgehen, und ich hielt bis zum Abend durch. Im Alter von 24 Jahren überstand ich so kurze Nächte ohne Probleme.

Die Saison an der Costa Brava ging blitzschnell vorbei, vermutlich ist alles ziemlich rund gelaufen, zumal mir – im Gegensatz zu den anderen Destinationen – keine prägenden Erinnerungen geblieben sind.

Brasilien: Rio de Janeiro, eine Stadt von unvergleichlicher Schönheit

Nach dem üblichen Kurzaufenthalt bei meinen Eltern zwischen zwei Destinationen kam ich von der nahe gelegenen Costa Brava ins weit entfernte Brasilien, nach Rio de Janeiro. Wow! Diese Stadt ist von unvergleichlicher Schönheit! Der Blick vom Corcovado mit der berühmten riesigen Christusstatue über die hügeligen Favelas – die Armenviertel, die aus der Ferne etwas Pittoreskes haben – hinunter zu den zahlreichen Stränden und wieder hinauf zum Pão de Açúcar bleibt wohl allen Menschen, die diese Stadt jemals besuchten, als unvergessliches Bild im Hinterkopf haften. Hier waren wir zu dritt: Bernard, der Resident, Dominique und ich – ein tolles Team. Wir waren alle drei bemüht, uns schnell so viel wie möglich des brasilianischen Portugiesisch anzueignen. Dank meiner Spanischkenntnisse gelang mir dies recht gut, indem ich alle spanischen Endungen mit ‹ción› in ‹ção› umwandelte, also zum Beispiel organização statt organisación, und einige weitere Anpassungen, und vor allem war es wichtig, statt des eher harten, spanischen Tonfalls den weichen Singsang der Carioca, also der Bewohner*innen von Rio, zu übernehmen.

Neben Gästen aus der Schweiz empfingen wir auch Gäste aus Frankreich, den Niederlanden und Spanien, und es konnte vorkommen, dass ich eine dreistündige Stadtrundfahrt viersprachig begleiten

musste: in Deutsch, Französisch, Englisch und Spanisch und zwischendurch mit dem Car-Chauffeur brasilianisches Portugiesisch sprach.
Dies gelang mir nur dann ohne Zwischenfälle, wenn ich die Sprachen
konsequent in der gleichen Reihenfolge benützte. Dennoch brummte
mir am Ende der Stadtrundfahrt der Schädel, und ich wusste manchmal selbst nicht mehr, welche Sprache ich gerade verwendet hatte.

Neben den Ausflügen in der Stadt und der Umgebung mussten Dominique und ich auch kurze Flugreisen begleiten, die uns in fünf Tagen
nach São Salvador da Bahia, Belo Horizonte, zur Hauptstadt Brasília,
zu den Iguaçu-Wasserfällen und São Paulo führten. Von dort kehrten
wir im Car auf der Küstenstrasse in rund acht Stunden zurück nach
Rio. Eine vielfältige Reise, die den Gästen immer sehr gut gefiel.

Das aufregendste Ereignis war zweifelsohne der Carnaval do Rio, ein
Fest der Superlative in der Zeit vom ‹schmutzigen Donnerstag› bis
zur Nacht vor Aschenmittwoch, dem Beginn der Fastenzeit im tief katholischen Brasilien. Der Höhepunkt dieser verrückten Tage war der
Umzug der Sambaschulen mit ihren farbigen Kostümen, den blumen-
geschmückten Wagen und vor allem dem Gesang der neuen Samba-
lieder mit ihrer mitreissenden Musik. Ich erinnere mich, dass wir vom
frühen Sonntagabend bis in den erwachenden Montagmorgen auf
den Tribünen standen und uns im Sambatakt bewegten. Wir befanden uns direkt neben dem Platz, wo sich die zu jeder Sambaschule
gehörige ‹Batterie› hinstellte und den Takt angab, bis die eigene
Sambagruppe vorbeigetanzt war. Wer hätte da ruhig sitzen bleiben
können? Die Stimmung war euphorisch und liess niemanden kalt.

Irgendwann entschied ich mich, eine zweite Saison in Rio de Janeiro
zu bleiben. Mein Chef in Zürich gewährte mir einen dreiwöchigen
Ferienaufenthalt in Argentinien inklusive Flugticket, und danach war
ich wieder fit für die zweite Phase. Bernard und Dominique verliessen
Rio für eine andere Destination, und für ein paar Wochen hielt ich die
Stellung ganz allein. Ausgerechnet in dieser Zeit wurde ich krank,
zum ersten und einzigen Mal in meiner gesamten Tourismuszeit. Eine

heftige Erkältung mit Grippesymptomen machten mir das Aufstehen unmöglich, und dies ausgerechnet vor einem Transfertag, also mit Begleitung von Gästen zum und vom Flughafen. Nach stundenlangem Herumwälzen im Bett raffte ich mich auf, verliess das Hotel und schleppte mich zur nahe gelegenen Apotheke, wo ich meine Situation erklärte. Der Pharmazeut blickte mich ein Weilchen an, stellte ein paar Fragen, überlegte und bat mich schliesslich in einen Nebenraum. Er verabreichte mir eine schmerzende Spritze in meine Hüfte und versprach, dass es mir bald besser gehen würde und ich jederzeit wiederkommen dürfe, wenn ich mich schlecht fühlte.

Zurück in meinem Hotel schlief ich mindestens zehn Stunden tief und fest, bis mich der Wecker aus dem Bett riss. Oh Staunen! Ich fühlte mich topfit, stand fröhlich auf, stärkte mich mit einem reichlichen Frühstück und absolvierte mühelos meine beiden Transfers. Danach führte ich in mehreren Hotels die Empfangs- und Informations-Apéros sowie den Verkauf der Ausflüge durch und meldete meine Gäste beim lokalen Reisebüro an. Als ich nach getaner Arbeit in mein Hotel zurückkehrte, brach ich zusammen. Rund 24 Stunden nach der Spritze fühlte ich mich elender als zuvor. Was tun? Ich dachte an die Worte des Pharmazeuten, der mir angeboten hatte, mir jederzeit wieder eine Spritze zu verabreichen. Doch plötzlich hatte ich Angst. Was war das, was mir in der Apotheke gespritzt wurde? Und warum war es so billig? Und warum das Angebot, dass ich diesen nahezu euphorischen Effekt jederzeit wiederhaben könne? War es vielleicht die Taktik, jemanden süchtig zu machen? Nein, um Himmels willen, das wollte ich auf keinen Fall riskieren. Ich beschloss, diese Apotheke nie mehr zu betreten, und begab mich zu einer etwas entfernteren Apotheke. Dort kaufte ich ein paar harmlose Mittel gegen Erkältung, trank viel Tee, schlief während einiger Tage so viel wie möglich, wenn ich nicht gerade arbeiten musste. Nach einer Woche war ich wieder topfit und war stolz auf mich, dass ich der Verlockung nicht erlegen war. Die Episode bleibt mir in lebendiger Erinnerung, doch bis heute habe ich keine Ahnung, was genau mir damals 1977 in Rio gespritzt wurde.

Später kam Annelies, die neue Residentin dazu, und ich muss noch heute schmunzeln, wenn ich uns beide zum Empfang der Gäste am Flughafen sehe: Annelies mit ihrer Grösse von 1,90 Meter und ich daneben mit 1,51 Meter. Schlank waren wir beide, aber mit diesem enormen Grössenunterschied boten wir in unseren roten Uniformen ein seltsames Bild, das oft belächelt wurde oder Kopfschütteln auslöste. Ansonsten ging unsere Arbeit weiter wie zuvor, auch wir waren ein gutes Team.

In Brasilien herrschte in dieser Zeit (1977–1978) eine Militärdiktatur, doch sie war – zumindest für Ausländer*innen – nicht so omnipräsent wie in Argentinien und Chile, was ich zwischen den beiden Saisons auf einer dreiwöchigen Reise erlebt hatte. Von meiner Portugiesischlehrerin hatte ich allerdings erfahren, dass auch hier Leute entführt wurden und für immer verschwanden. Zwei Ereignisse gibt es aus meiner eigenen Erfahrung: Eine US-Amerikanerin, die im selben Hotel wie ich wohnte, wurde von der Fremdenpolizei in die Zentrale zitiert, wegen kritischer Briefe, die sie an verschiedene Leute geschickt hatte. Sie sollte dies nicht mehr tun, andernfalls, so drohte man ihr, müsse sie das Land verlassen. Ich selbst hatte im selben Zeitraum an die 20 Briefe an meine Familie, Freundinnen und Freunde geschickt, mit einem ausführlichen Bericht über meinen brasilianischen Alltag und auch etwas Kritik an der Regierung. Keiner dieser Briefe ist jemals angekommen, was ich allerdings erst viel später, nach meiner Rückkehr in die Schweiz, erfuhr. Möglich, dass ich nicht belangt wurde, weil ich als Vertreterin einer Schweizer Tourismusorganisation einen gewissen Schutz genoss. Registriert war ich sehr wohl, musste ich doch in der ersten Woche nach meiner Ankunft zur Fremdenpolizei, um eine temporäre ID zu erhalten. Dafür wurden Fotos meines Gesichts von allen Seiten gemacht, ausserdem wurden ein Daumenabdruck genommen und mir eine Nummer zugeordnet. Ich empfand diesen Ausweis immer so, als wäre ich ein Sträfling.

Ende September hätte ich nach Hause fliegen sollen, doch ich bat meinen Chef um einen unbezahlten Urlaub von drei Monaten, den ich erhielt. Ich hatte vor, meinen voraussichtlich letzten Aufenthalt in Südamerika mit einer grossen Reise zu beenden. Ich erhielt ein (gratis) Agentticket für die Hauptstädte Caracas, Venezuela; Bogotá, Kolumbien; Quito, Ecuador; Lima, Peru; La Paz, Bolivien und Buenos Aires, Argentinien. In jedem Land reiste ich mit lokalen Bussen in alle Himmelsrichtungen, um möglichst viel von diesen Ländern zu entdecken. Ich erspare die Details, denn es wäre ein Buch für sich, dieses Reiseabenteuer aufzuschreiben.

Nur soviel: Ich wollte kein ‹Gringo› sein, reiste also nicht mit dem üblichen Backpacker der US-Touristen, sondern mit einem biederen kleinen braunen Koffer und einer unverkennbar brasilianischen Ledertasche. Mit meiner Körpergrösse, dem braunen Haar, meinen grossen braunen Augen und der gut gebräunten Haut wurde ich ausserhalb Brasiliens meistens als Brasileira eingestuft, während ich in Brasilien selbst, wegen meines spanischen Akzents, als Argentinierin galt. In Venezuela warnte man mich vor den Gefahren der Drogenmafia, doch ich hatte keine Ahnung, was das hiess. Ich rauchte überhaupt nicht und wurde – trotz meiner 25 Jahre – als junges, braves Mädchen wahrgenommen. Nie hat mir jemand Drogen angeboten. Seltsam war nur meine Ankunft am frühen Morgen in Caracas, als ich mit einem Taxi in ein Quartier nahe dem Zentrum fuhr, wo mein südamerikanisches ‹Handbook› mehrere Hotels vermerkte. Es war wohl kurz nach 08:00 Uhr morgens, als ich von Hotel zu Hotel ging und um ein Zimmer für ein paar Nächte bat, doch an jeder Rezeption sagte man mir, das Hotel sei ausgebucht, was ich kaum glauben konnte, zumal viele Schlüssel an der Wand hingen. Später traf ich zum Mittagessen den Bekannten einer mir bekannten Person aus Rio und erzählte, dass ich mit meiner Hotelsuche noch kein Glück hatte. Dieser brach in Lachen aus, und als er sich wieder erholt hatte, verriet er mir, dass es sich bei all diesen ‹Hotels› ausschliesslich um Stundenhotels handelte. Erst jetzt begriff ich, dass einige Rezeptionisten noch gefragt hatten, ob ich das Zimmer für mich allein brauchen würde, was ich natürlich bejaht hatte und was wiederum ein gewisses Kopfschütteln auslöste.

Thailand: gelebter Buddhismus und viele Gegensätze

Der Kontrast zwischen Rio de Janeiro und Bangkok hätte kaum grösser sein können. Zum Glück hatte ich Bangkok zuvor – während meiner Einsatzzeit auf Bali – schon einmal besucht, und so war der anfängliche Schock über das andauernde Verkehrschaos der riesigen Stadt nicht ganz so gross. Ja, als riesig empfand ich sie bereit 1978, doch als ich zum ersten Mal eine Reisegruppe nach Hongkong begleiten musste, kam mir Bangkok bei der Rückkehr fast ‹heimelig› vor, auf jeden Fall sehr viel sympathischer als Hongkong, obwohl die Stadt – ähnlich wie Rio de Janeiro – mit ihren Hügeln und ihrer Lage am Meer landschaftlich weitaus attraktiver war als Bangkok.

Trotz harter Arbeit und einer überaus autoritären Chefin (was ich zuvor noch nie erlebt hatte) gefiel mir meine Arbeit in Bangkok sehr. Ich lebte im Bangkok Hyatt und hatte ein schönes Zimmer, in dem ich mich wohlfühlte. Die Thais empfand ich über die gesamte Zeit meines Einsatzes – und dieser dauerte von Mai bis Dezember – als ausgesprochen liebenswürdige und hilfsbereite Menschen. Meine Kollegin Elisabeth und ich verrichteten unsere Arbeit mit Begeisterung. Unser Interesse am Buddhismus und am thailändischen Königreich war gross, und es machte uns nichts aus, Woche für Woche mit einem Bus voller Touristen die halbtägige Tempeltour sowie den Ganztagsausflug zu den schwimmenden Märkten und dem ‹Rosegarden› zu begleiten. Etwas weniger Spass machte die Besichtigung der Krokodilfarm, in der ich mich wegen der wackligen Holzbrücken immer etwas ängstigte, es könnte eine zusammenbrechen und die Menschen ins Krokodilbecken fallen. Der begleitete Nachtausflug mit Sexshow fand zum Glück nur selten statt, und wenn, dann vor allem mit französischen und spanischen Touristen. Vielleicht getrauten sich die Schweizerinnen weniger, Interesse dafür zu zeigen, und die Männer gingen auf eigene Faust in die einschlägigen Bars.

Ja, zu dieser Zeit gab es noch einen Sextourismus, selbst mit seriösen Reisegesellschaften. Die alleinreisenden Männer wohnten in Hotels, die Frauenbesuche mit einem Aufpreis duldeten. Viele von ihnen kamen allerdings mit der Hoffnung, in Thailand ihre Traumfrau zu finden. In unserem Bangkoker Büro erlebten wir immer wieder das gleiche Szenario: Ein Schweizer und eine Thailänderin, die sich kaum 24 Stunden oder manchmal drei Tage kannten, kamen gemeinsam ins Büro und wollten heiraten. Unsere thailändische Sekretärin übersetzte die Wünsche der Frau ins Englische, während die Schweizer Sekretärin für den Mann vom Englischen ins Deutsche übersetzte. Zwischen den Hoffnungen der jungen Thailänderin, mit der Heirat eines Ausländers ihrer Armut und dem Zwang zur Prostitution zu entfliehen, in der reichen Schweiz ein angenehmes Leben zu führen und den Erwartungen der mehrheitlich etwas unbedarften jungen Männer endlich eine Liebesgefährtin und künftige Ehefrau zu erobern, die zu Hause brav den Haushalt führen und Kinder gebären würde, herrschte eine riesige Kluft. Es war nicht einfach, diese Personen auf der Vernunftebene anzusprechen und darauf aufmerksam zu machen, wie schwierig es sein würde, wenn sie nicht einmal direkt miteinander sprechen können. Ich habe keine Ahnung, ob und wenn ja, wie viele Ehen wir verhindern konnten bzw. wie viele sich von unseren Bedenken nicht abhalten liessen, dennoch heirateten und vielleicht sogar glücklich wurden. Ich wünsche es ihnen von Herzen.

Meine Faszination für Thailand war eng mit dem damals noch überall spürbar gelebten Buddhismus verbunden. Wegen der Tempeltour – dem Besuch des Königstempels (Wat Phra Kaeo), dem Tempel des liegenden Buddhas und des goldenen Buddhas – hatte ich mich in den Buddhismus vertieft und dank der lokalen Reiseleiter, die uns auf diesen Touren begleiteten, lernte ich immer Neues dazu und war schliesslich in der Lage, unseren Gästen die Religion und deren Symbolik zu vermitteln. Nach den schlechten Erfahrungen mit dem Katholizismus aus meiner Kindheit lernte ich erstmals eine Religion kennen, die ich als ‹vernünftig› wahrnahm. Und vernünftig hiess für mich schon damals, dass jedes Individuum für sich und seine Taten verantwortlich ist und mit eigener Initiative nach einem ethischen und mitfühlenden Leben streben soll. Dazu braucht es weder die Führung noch die Abhängigkeit von einem Priester oder gar von einem ‹unfehlbaren› Papst. Der Buddhismus lässt sich am ehesten mit dem für mich sehr wichtigen Wert des ‹Prinzips Selbstverantwortung› verbinden. Das Ziel, irgendwann ins Nirwana bzw. in die Selbstauflösung zu gehen (und dadurch der Wiedergeburt zu entgehen), scheint mir erstrebenswerter als ein ungewisser Himmel, über dessen Existenz bis heute keine Anzeichen bestehen. Ich hoffe, mit diesen Aussagen keine religiösen Gefühle zu verletzen, und wünsche mir, dass jeder Mensch seinen eigenen, ganz persönlichen Weg in eine gelebte Spiritualität findet.

Bangkok hatte ich mir von meinem Chef in Zürich als meinen letzten Einsatzort für Hotelplan gewünscht. Ich hatte mein Ziel erreicht, in Europa, Afrika, Südamerika und Asien gearbeitet zu haben. Ausserdem wurde mir bewusst, dass ich für die Umsetzung meines neuen Ziels, Journalistin zu werden, nicht zu lange warten durfte, zumal die Rückkehr in die Schweiz mit einigen Jahren Weiterbildung verbunden war.

Es hätte ein perfekter Abschluss meiner Reiseleiterjahre werden können, doch wenige Monate vor meiner bereits geplanten Rückreise kam es zum unerfreulichsten Erlebnis meines gesamten Berufslebens. Meine Eltern – die damals schon ziemlich alt waren, kein Wort Englisch sprachen und noch nie allein gereist waren – wollten mich in Bangkok besuchen. Mit meiner Schwester, die damals für die Swissair arbeitete, hatten wir brieflich alles sorgfältig bis ins Detail geplant. Sie würde unsere Eltern in Kloten bis zur Passkontrolle begleiten und ich sie in Bangkok um 07:00 Uhr am Flughafen abholen, dies an einem Tag, an dem ich üblicherweise keinen Ausflug begleiten musste. Meine Chefin informierte ich eine Woche im Voraus schriftlich über die geplante Abwesenheit von wenigen Stunden. Am Vorabend der Ankunft meiner Eltern bot sie mich auf, am nächsten Morgen – also zum Zeitpunkt, als ich am Flughafen sein musste – eine Tempeltour mit spanischen Touristen zu begleiten. Meine Eltern sassen zu diesem Zeitpunkt bereits im Flugzeug, und ich hatte keine Chance, sie in irgendeiner Form zu erreichen. Ich fühlte mich zu 100 % im Recht, diesen Auftrag abzulehnen, zumal sie mir ja zuvor den freien Vormittag bewilligt hatte. Eine Reisegruppe aus Spanien fällt schliesslich nicht urplötzlich vom Himmel, diese war angekündigt, und sie hätte sich rechtzeitig beim lokalen Reisebüro einen spanisch sprechenden Guide organisieren können.

Als ich im Verlauf des Vormittags mit meinen Eltern vom Flughafen zurückkam und mich zurückmeldete, schrie sie mich an und drohte, mich wegen Arbeitsverweigerung fristlos zu entlassen. Dies lag glücklicherweise nicht in ihrem Kompetenzbereich, doch sie forderte die Zentrale in Zürich auf, dies zu tun. Meinem Chef in Zürich hatte ich allerdings ebenfalls per Fax von meinem Hotel aus die Situation erklärt, und dieser hatte für mein Verhalten Verständnis. Der sympathische ‹Hostessenvater›, der mich 1972 angestellt hatte, kannte meine Zuverlässigkeit und wusste, dass ich mir in gut 6,5 Jahren nie etwas zuschulden kommen lassen hatte. Statt mich nach Hause zu schicken, bat er mich, bis Ende Dezember in Bangkok zu bleiben, statt wie sonst üblich nach Saisonende abzureisen. Das tat ich umso lieber, als meine Chefin lange vor mir in ein anderes Land versetzt wurde. Meine liebe Kollegin Elisabeth stand in dieser für mich sehr schwierigen Phase solidarisch zu mir. Wir sind bis heute befreundet und telefonieren uns jede Woche.

Warum ich dieses Ereignis nach so vielen Jahren überhaupt noch erwähne: Es gibt kaum etwas, das mich mehr kränkt, als wenn ich mich ungerecht behandelt fühle. Mein im Elternhaus vermitteltes Arbeitsethos ist überdurchschnittlich hoch, was man mir vor und nach Bangkok in allen Arbeitssituationen attestiert hat. Erst Jahre später erfuhr ich (an regelmässigen Treffen mit früheren Reiseleiterkolleginnen und kollegen), dass ich nicht die einzige Person war, die mit dieser Residentin mehr oder weniger gravierende Probleme hatte. Sie hat mir beruflich nicht geschadet, weil ich bereits früher entschieden hatte, mich völlig neu zu orientieren. Doch ich hätte mich gefreut, wenn sie sich irgendwann für ihr Verhalten entschuldigt hätte. Ich persönlich habe nie bereut, dass ich mich für meine Eltern entschieden habe. Wie hätte ich sie allein am Flughafen Bangkok stehen lassen können, ohne die geringste Chance, sie zu kontaktieren?

Bangkok war voller Gegensätze: Die liebenswürdigen, freundlichen, sehr schönen, zartgliedrigen Menschen, denen ich überall begegnet bin, der gelebte Buddhismus mit kleinen Ritualen im Alltag, zu Hause und in den vielen, gut besuchten Tempelanlagen, die friedlichen Bootsfahrten auf den Flüssen mit ihren lebhaften ‹floating markets›, das phantastische thailändische Essen, all das und noch vieles mehr machten für mich die südasiatische Stadt zu etwas Besonderem. Trotz aller negativen Seiten, wie das anhaltende Verkehrschaos und der Lärm rund um die Uhr, der Sextourismus und die Kriminalität, und obwohl die Millionenstadt geographisch und architektonisch – mit Ausnahme der prachtvollen Tempelanlagen – bei weitem nicht so attraktiv ist wie Rio de Janeiro oder Hongkong, faszinierte mich Bangkok, und ich lebte sehr gern dort. Fast hätte ich mich wegen einer kurzen Liebesbeziehung in den letzten Wochen meines Aufenthalts mit einem thailändischen Reiseleiter dazu verleiten lassen, zu bleiben. Doch wie so oft in meinem Leben hat auch diesmal die Vernunft regiert. Und so kehrte ich im Dezember 1978 für immer in die Schweiz zurück.

Der harzige Einstieg in den Journalismus

Dranbleiben lohnt sich

Das Berufsziel, Journalistin zu werden, hegte ich sehr früh. Von der Idee zur Umsetzung brauchte ich fast zehn Jahre. Zuerst wollte ich meine Tourismusjahre mit ganz konkreten Zielen abschliessen, wo ich überall arbeiten wollte. Als ich 1978 in Bangkok arbeitete, beschloss ich, dass dies meine letzte Saison sein würde, denn mein damaliges Ziel, auf allen Kontinenten (ausser Nordamerika und Australien) gearbeitet zu haben, war erfüllt. Ich abonnierte die damals noch weltoffene Weltwoche, um mich nach fast sieben Jahren Auslandaufenthalt ins Schweizer Geschehen einzulesen. Mein Wunsch war es, möglichst bald in den Reisejournalismus einzusteigen, weil ich mich für einen sorgfältigen und respektvollen Tourismus einsetzen wollte. Denn schon damals gab es Touristen, denen es an Respekt für fremde Kulturen mangelte, und ich musste sie – gerade im buddhistischen Thailand und bei Tempelbesuchen – immer wieder ermahnen, dass sie sich nicht auf Buddhastatuen setzen sollten und Schlimmeres, sondern allem den gleichen Respekt entgegenbringen, wie sie es in der Schweiz in einer Kirche tun würden.

Es war mir durchaus bewusst, dass ich eine Ausbildung zur Journalistin brauchen würde, und umso glücklicher war ich, als eines Tages ein Inserat von Ringier für den Einstieg in den Journalismus erschien. Ich ahnte nicht, dass Ringier auch Herausgeberin des «Blicks» war, und eine der Aufgaben für die Bewerbung lautete: «Schreiben Sie einen kurzen Text in welchem Sie begründen, ob sie lieber für den ‹Blick› oder für die ‹Die Luzerner neusten Nachrichten› arbeiten würden.» Den Blick hatte ich zu diesem Zeitpunkt persönlich noch nie in den Händen gehabt, zu Ohren gekommen waren mir vor meiner Abreise ins Ausland nur sein schlechter Ruf und das Munkeln, dass gewisse Leute ihn am Kiosk nur mit der Bemerkung kauften: «Eine NZZ Plus» bzw. «Einen Tages-Anzeiger *mit*». Überzeugt, dass es sich um ein reines Klatschblatt handelte, argumentierte ich mit dem Begriff der *neusten* Luzerner Nachrichten – von denen ich überhaupt noch nie gehört hatte. Frisch von der Leber schrieb ich mit Vergnügen: «Warum ‹neuste›? Gibt es denn von ‹neu› eine Steigerungsform?», und kam zu dem Fazit: Wenn schon Boulevard, dann lieber für den Blick schreiben, in der Annahme, dass dieser national tätig war, als für neuste Nachrichten aus Luzern, die sich vermutlich mit Lokalklatsch begnügen würden. In der naiven Überzeugung, dass ich alle Aufgaben gut gelöst hatte (die anderen waren einfacher), schickte ich das dicke A4-Couvert an den Ringier-Verlag und wartete, wartete, wartete.

Nach Wochen erhielt ich einen kurzen, recht freundlichen Brief, mit dem guten Rat, es wäre sinnvoll, *zuerst* in die Schweiz zurückzukehren, mich mit Politik und Gesellschaft auseinanderzusetzen und mich erst dann um den Einstieg in den Journalismus zu bemühen. Im Dezember 1978 kehrte ich aus Bangkok in die Schweiz zurück, und im Wissen, dass der Journalismus noch etwas warten konnte und ich sofort Geld verdienen musste, begann ich bereits Mitte Januar 1979 im Reisebüro Kuoni Fribourg als Reiseberaterin. Und ich erfüllte mir zuerst ein anderes Ziel: eine eigene Wohnung einzurichten! Wohl war das Leben in den letzten Jahren in Erstklasshotels sehr bequem gewesen, doch jetzt wollte ich in den eigenen vier Wänden und mit eigenen Möbeln leben.

Nach der weiten Welt und dem Leben in den Grossstädten Rio de Janeiro und Bangkok in der letzten zwei Jahren kam mir Fribourg allerdings wie ein Dorf vor. Zwar lernte ich viel und schnell, und die Rahmenbedingungen waren gut. Dennoch hielt ich weiterhin Ausschau nach Möglichkeiten, meinem Ziel näher zu rücken. Nach anderthalb Jahren bewarb ich mich in Zürich um die Stelle einer Filialleiterin in einem kleinen Reisebüro am Limmatquai und wurde per 1. Juli 1980 eingestellt. Nun war ich wenigstens in der ‹Grossstadt› Zürich und näher an Aus- und Weiterbildungen, die mich zu meinem Ziel Journalismus führen sollten. Mir wurde immer stärker bewusst, wie viele Bildungslücken ich (trotz des Französischstudiums vor der Tourismuszeit) hatte und beschloss, auf dem Korrespondenzweg die Matura nachzuholen.

Die ersten drei Semester tat ich dies trotz meines 100-Prozent-Jobs als Filialleiterin und Betreuerin der Lehrtochter (das sagte man damals noch). Ich lernte an Abenden und am Wochenende und, weil mir mein Ziel so wichtig war, störte es mich nicht, dass ich kaum Zeit für Ausgänge, Freundschaftspflege, geschweigen denn eine Liebesbeziehung hatte. Doch das Lernen wurde in jedem Semester aufwendiger, sodass ich beschloss, das Reisebüro aufzugeben. Ich erhielt mühelos eine Stelle als Direktionssekretärin bei der damaligen SKA und verdiente bei einem 80-Prozent-Pensum mehr als vorher zu 100 Prozent im Reisebüro. Was ich allerdings nicht ahnen konnte: Eine Bankanstellung war nun wirklich rein gar nichts für mich. Die sehr frühe Selbständigkeit und Übernahme von Verantwortung im Familienbetrieb, die vielen Einsätze als alleinige Repräsentantin von Hotelplan in Afrika, Südamerika, die offene Kultur in den beiden Reisebüros und meine Position als Filialleiterin waren schlechte Voraussetzungen für einen derartig untergeordneten Job. Mein direkter Vorgesetzter schmunzelte zwar öfter über meine zahlreichen Fauxpas in dieser hierarchisch geprägten Bankenwelt, aber er akzeptierte mich. Doch ich? Nie zuvor war ich in meiner Berufstätigkeit dermassen unglücklich gewesen. Obwohl ich diesen Job bezüglich Verdienst dringend brauchte, konnte ich mir nicht vorstellen, bis zur Matura durchzuhalten.

Nach anderthalb Jahren des Durchbeissens fand ich eine Stelle als Redaktionsassistentin bei der damaligen ‹Schweizerischen Handelszeitung›. Es gelang mir, Chefredaktor und Personalmanagerin zu überzeugen, dass ich die zu 100 % ausgeschriebene Stelle in 80 % der Zeit schaffen würde. Ich erhielt den Job und war überglücklich, nicht zuletzt deshalb, weil ich bereits in der Medienwelt gelandet war und in enger Zusammenarbeit mit dem Chefredaktor und dem Redaktionsteam viel lernen konnte. Ich konnte endlich wieder frei atmen und meine Energie für die Arbeit und das Lernen einsetzen, statt mich täglich über die unverständliche Bankenwelt zu ärgern. Bald konnte ich samstags in die Schule gehen und andere Personen kennenlernen, die den gleichen Weg wie ich gewählt hatten. Es tat gut, zu wissen, dass ich nicht allein war, die die Matura berufsbegleitend erwerben wollte. Ich hatte vorher niemanden gekannt, und die Mehrheit in meinem Bekanntenkreis hielt mich für verrückt oder zumindest merkwürdig.

Nach dem sechsten Semester war die erste Teilprüfung für die Nebenfächer angekündigt. Die interne Prüfung bei der Maturitätsschule für Erwachsene (Akad) lief recht gut, doch dann kam der Gang zur eidgenössischen Prüfung nach St. Gallen. Diesmal war ich erheblich nervöser, doch ausser in Chemie fühlte ich mich recht gut vorbereitet. Dann kam das Fiasko: Ich erlitt einen Blackout, wie man es sich schlimmer nicht vorstellen könnte. Ich wusste nichts, rein gar nichts. Ich konnte nicht einmal die Französische Revolution ins 18. Jahrhundert einordnen und Flüsse in Asien nicht bezeichnen, obwohl ich sie auf meinen Reisen mit eigenen Augen gesehen hatte. Hätte man mich gefragt, wieviel 2 x 2 ergibt, hätte ich es nicht gewusst. Ich war am Boden zerstört, ging halb betäubt nach Hause und legte mich bei geschlossenen Vorhängen für zwei Tage ins Bett. Ich wollte niemanden sehen, mit niemandem reden – zu gross war meine Scham, dermassen versagt zu haben. Erst viele Jahre später erfuhr ich, dass derartige Blackouts tatsächlich vorkommen. Ich hatte jahrelang geglaubt, dass nur mir so etwas Schreckliches passieren konnte.

Wenige Tage nach dieser desaströsen Prüfung kam ein Brief von der Akad, dass ich meine Ausbildung dennoch fortsetzen und in einem halben Jahr die Hauptfächer abschliessen und danach die Nebenfächer wiederholen könne. Doch ich war dermassen enttäuscht über mich selbst und hatte alles Selbstvertrauen verloren, dass ich es beim zweiten Anlauf schaffen könnte. Nach drei vollen Jahren des Einsatzes mit Berufstätigkeit und Schule fühlte ich mich entsetzlich müde und hatte keine Energie mehr, nochmals ein Jahr einsetzen zu müssen, um auch nur die Zulassung zur Universität zu bekommen, wo ich gern ein Ethnologie- oder Soziologiestudium absolviert hätte. Auf die Idee, dass man sich eine Beratung, einen

Coach holen könnte, bin ich zu dieser Zeit leider nicht gekommen, ja, ich konnte mich nicht einmal mehr mit jemandem austauschen, zu sehr fühlte ich mich als Versagerin. Nach ein paar Tagen ging ich wieder zur Arbeit. Ich hatte keine Ahnung, wie es weitergehen sollte. Vorerst versuchte ich erst einmal, wieder als fröhliche Redaktionsassistentin zu funktionieren. Erst Jahre später erhielt ich vom damaligen Direktor der Akad eine offizielle Bestätigung, dass ich die Maturitätsschule für Erwachsene während sechs Semestern besucht und wegen zu starker beruflicher Belastung auf die Schlussprüfung verzichtet hatte.

Wenige Monate später stellte sich heraus, dass mein Fiasko nicht nur negative Seiten hatte. Kurz zuvor war in Horw das Medienausbildungszentrum (MAZ) eröffnet worden, und in der Zeitung fand ich die Ausschreibung zur Aufnahmeprüfung für den zweiten Lehrgang. Ich meldete mich und bestand, und der Schuldirektor bestätigte mir in einem Gespräch, dass ein Einstieg in den Journalismus auch ohne Studium möglich sei. Uff! Welche Erleichterung! Jetzt fehlte ‹nur› noch die Anforderung, eine Praktikumsstelle zu finden. Bei der Handelszeitung konnte ich nicht bleiben, denn die erstmals ermöglichte Praktikumsstelle wurde der Tochter des damaligen Chefredaktors gegeben. Was kann man da machen? Ich selbst hatte als seine Assistentin den Brief geöffnet, stürzte wutentbrannt in sein Büro und schmiss den Vertrag auf seinen Tisch. Er wusste, wie dringend ich eine Stelle brauchte, um beim zweiten MAZ-Lehrgang beginnen zu können. Im Nachhinein bin ich ihm dankbar, dass er meine Frechheit nicht mit einer fristlosen Kündigung quittierte, danke M.

Ich schickte Bewerbungen an sämtliche Zeitungen der grösseren, deutschsprachigen Städte sowie an alle Presseagenturen, mindestens ein Dutzend. Die Suche dauerte Monate. Ich erhielt entweder Absagen oder das Angebot, ohne formale Ausbildung zu arbeiten, was ich auf keinen Fall wollte. Zwei Wochen vor dem Start des Lehrgangs kam die Erlösung: Während eines Abendessens telefonierte der Wirtschaftchef der Presseagentur spk[1] und stellte mir die Frage, ob ich denn auch bereit wäre, im Wirtschaftsbereich zu arbeiten. Natürlich war ich das. Dass man als blutige Anfängerin nicht gleich in den Tourismus einsteigen konnte, hatte ich inzwischen begriffen. Jetzt ging es – gefühlsmässig – um Sein oder Nichtsein, es war meine letzte Chance. Wir trafen uns am folgenden Tag, das Gespräch verlief sehr gut und zu meiner grossen Überraschung verkündete er mir sogar, dass ich zwar nur einen Praktikumslohn verdienen, doch dass man mir die Schulkosten und Spesen bezahlen würde. Am liebsten hätte ich Urs, meinen künftigen Chef, umarmt, und vor lauter Freude konnte ich die Tränen kaum zurückhalten. Ich bin bis heute überzeugt, dass ich für meinen Einstieg in den Journalismus keine bessere Stelle hätte haben können – und vor allem auch keinen besseren Chef. Diese Presseagentur hatte damals die fortschrittlichste Technik. Wir arbeiteten mit neuesten Computern und hatten zwischen Bern und Zürich eine Onlineverbindung. Ich wurde von Anfang an auf Pressekonferenzen geschickt, über die ich schrieb. Danach schrieb ich eine erste Fassung und telefonierte Urs, der den Artikel bei sich auf den Bildschirm nahm. Gemeinsam lasen wir den Text nochmals durch, er fragte nach, wenn etwas unklar war und ermutigte mich, die Stelle zu präzisieren. Am Anfang war es viel, dann immer weniger. Urs hatte die Fähigkeit, ein konkretes, beschreibendes und zielorientiertes Feedback zu geben, und mit diesem Coaching eines vorbildlichen Vorgesetzten lernte ich schnell. Er war der beste Lehrmeister, den man sich vorstellen kann, und ich bin ihm bis heute unendlich dankbar, dass ich so viel von ihm lernen durfte.

Ich war sehr begierig, zu lernen, und weil ich nun mal – unbeabsichtigt – im Wirtschaftsjournalismus gelandet war, wollte ich mich entsprechend weiterbilden. Ich schrieb mich an der Kaderschule Zürich (KLZ) für einen Jahreskurs ein, das hiess: Dienstag und Donnerstag

---

1   Die Presseagentur spk hatte sich in den 1980er Jahren von früheren Ideologien befreit und wurde von der neuen Leitung konsequent professionalisiert, die Redaktion massiv vergrössert und mit einem (damals) ultramodernen Computer- und Datenübertragungssystem ausgerüstet.

von 18:00 bis 21:00 Uhr die Schule besuchen, Montag und Mittwoch zu Hause auf den Unterricht vorbereiten. Nach einem Jahr hatte ich mein Ziel, ein «höheres Wirtschaftsdiplom» erreicht und darin sehr viel über Management, Human Resources und insbesondere über Volkswirtschaft gelernt, war mir später sehr nützlich werden sollte.

Endlich geschafft!

Der Unterricht am MAZ verlief in mehreren Blöcken zu jeweils drei Wochen für die Basisausbildung sowie in mehreren Wochenkursen zu frei gewählten Schwerpunkten, verteilt auf rund zwei Jahre. Meinen ersten Kurstag, knapp ein Jahr nach meinem Fiasko bei der eidgenössischen Maturaprüfung, werde ich nie vergessen: Ein strahlend blauer Himmel, gleissende Sonne, der kurze Fussweg von der Bushaltestelle Horw zum weissen MAZ-Schulgebäude, die grosse, blaue Eingangstür, dahinter der tiefblaue Vierwaldstättersee – es fühlte sich an, als wäre es das Eingangstor zum Paradies. Vor lauter Glück blieb ich auf der Schwelle stehen, wollte den Augenblick geniessen und tief durchatmen: Endlich geschafft, nach so vielen Jahren! Ich kämpfte mit den Tränen, wurde von meinen künftigen Kommilitonen und Kommilitoninnen weggeschubst, die zum Glück nichts von meinem emotionalen Zustand merkten. Sie hätten mich ausgelacht.

Es folgten zwei sehr intensive Jahre: Die anspruchsvolle Arbeit zu 100 % im hektischen Betrieb der Presseagentur, die abendliche Kaderschule, die MAZ-Wochen, doch meine frühere, fast unerschöpfliche Energie war wieder da. Mein Leben gefiel mir, und ich arbeitete mit Begeisterung. Nach zwei Jahren war das MAZ abgeschlossen, und ich wurde von der Agentur als vollwertige Wirtschaftsjournalistin eingestellt. Leider verliess Urs die spk für eine Stelle bei einer Zeitung in Basel. Mit seinem Nachfolger Diego verstand ich mich ebenfalls ausgezeichnet, wie auch mit meinen beiden Kollegen der Inlandsredaktion in Zürich, Hans und Franco. Sie nahmen, wann immer möglich, das Telefon ab und verbanden mich, wenn es sich um wirtschaftliche Themen handelte. Der Grund: Wenn ich direkt abnahm, wurde ich von den – fast ausschliesslich – männlichen Anrufern als Sekretärin oder Telefonistin wahrgenommen und musste zuerst erklären, dass ich für Wirtschaft zuständig war. Wir drei waren ein gutes Team und unterstützten uns gegenseitig. Immer mehr Mühe bereitete mir indes der Kollege aus meinem Fachbereich, mit dem ich das Büro teilen musste. Er war Kettenraucher (drei Zigaretten-Päckli pro Tag) und entsetzlich hektisch. Und im Versteckten trank er Schnaps. Er verstarb wenige Jahre später. Zudem gab es einen Redaktor in Bern, der mir nicht gutgesinnt war, die Details erspare ich hier.

Wir waren im Jahr 1987, die Wirtschaftsthemen erhielten in allen Medien immer mehr Raum, die Redaktionen wurden ausgebaut, die Wirtschaftszeitung «Cash» entstand, und Wirtschaftsjournalisten waren überall gesucht. Die ausschliesslich männliche Form ist hier gerechtfertigt, denn die Frauen konnte man in dieser Zeit an einer Hand abzählen. Eines Tages erhielt ich ein Stellenangebot der renommierten Zeitung «Finanz und Wirtschaft». Deren einzige Redaktorin traf ich regelmässig auf Pressekonferenzen, und sie bearbeitete mich immer wieder, zu ihrer Zeitung zu wechseln. Obwohl ich mir noch nicht vollumfänglich bewusst war, wie ausschliesslich diese Zeitung auf die Finanzwelt ausgerichtet war, verspürte ich wenig Lust, zu wechseln. Ich erstellte für das Vorstellungsgespräch eine Liste mit Forderungen, in der Hoffnung, dass sie abgelehnt würden und ich dann einen guten Grund hätte, abzusagen. Doch ich hatte mich geirrt, alles wurde mir gewährt: das eigene Büro, ein Computer mit modernem Textsystem (was damals bei weitem nicht selbstverständlich war), die Zuständigkeit für die Unternehmensbereiche Detailhandel, Transport, Tourismus, einen erheblich höheren Lohn als bei der Presseagentur sowie einen Monat Ferien vor dem Beginn.

Vom Wirtschafts- zum Finanzjournalismus

Der 1. Februar 1988 war mein erster Arbeitstag. Auf meinem Bürotisch stand – neben meinem Textsystem – ein Bildschirm, der mir
dauernd die Börsenkurse zeigte. Uff! Das war definitiv nicht meine
Welt. Schnell lernte ich, dass hier die Berichterstattung über die Unternehmen primär – oder wohl besser gesagt – ausschliesslich auf
deren Börsenwert fokussiert war. Meine Aufgabe war, in meinen Artikeln ausführlich über die Finanzen einer Firma zu schreiben, ja, sogar
eine Bewertung über deren Aktien vorzunehmen. Dennoch liess ich
es mir nicht nehmen, immer auch einen Abschnitt zum sozialen und
ökologischen Engagement der jeweiligen Firma zu schreiben. Mein
Chef kritisierte mich nicht, bis eines Tages ein Leserbrief mit dem
Satz eintraf: «Was hat diese neue, rot-grüne Journalistin in dieser
Zeitung zu suchen?!» Wow! Das hatten meine Leser*innen tatsächlich
bemerkt? Ich war sehr stolz darauf. Mein Chef schmunzelte und liess
mich weiterhin gewähren, solange ich die Finanzpflichtteile nicht
vernachlässigte. Nur ein einziges Mal wurde ein Artikel von mir nicht
publiziert, und zwar als ich zum ersten Mal den Börsenbericht ver-
fassen sollte. Ich schrieb einen vernichtenden Text über das Spekulantentum an der Börse, das mit einer engagierten Investition nichts
zu tun habe. Mein Chef sagte: «Haben Sie sich einen Jux gemacht,
oder entspricht dies wirklich Ihrer eigenen Haltung?», worauf ich ant-
wortet: «Es ist meine eigene Haltung, davon bin ich überzeugt.» Er
schüttelte verständnislos den Kopf, besprach sich mit dem obersten
Chef, und ich wurde für immer von der Plicht enthoben, im Turnus
mit den Kollegen und einer Kollegin den Börsenbericht zu schreiben.
Welch eine Erleichterung!

Richtig schwierig wurde es einige Wochen später, als ein Kollege am
frühen Morgen in mein Büro stürmte und ganz aufgeregt fragte: «Wie
viel hast du verdient» – «Was meinst du?», fragte ich völlig arglos
zurück, und er: «Na schau doch mal den Kurs der Firma XY an, dein
gestriger Bericht war so positiv, dass der Aktienkurs um fünf Prozentpunkte gestiegen ist!» Ich war perplex. «Und du glaubst tatsächlich,

ich hätte zuvor Aktien gekauft? Nein, auf diese Idee wäre ich nie gekommen, ich habe noch nie eine Aktie gekauft», erklärte ich wahrheitsgemäss und empörte mich über das Ansinnen des Kollegen.
Ich dachte lange über diesen Zwischenfall nach. Erstmals wurde mir bewusst, dass ich mit meinen Bewertungen einen Aktienkurs tatsächlich beeinflussen konnte. Ein schlechtes Gefühl. Was, wenn ich mich irrte? Einige meiner Kollegen machten tatsächlich viel Geld, wie ich nach und nach merkte. Es ging *nicht* um Manipulation, doch mit ihrem Wissensvorsprung konnten sie vom frühzeitigen Kauf oder Verkauf einer Aktie profitieren. Sie taten nicht einmal etwas Verbotenes, denn zu dieser Zeit gab es kein Insidergesetz.

Von da an wurde mir klar, dass ich trotz des relativ grossen Freiraums, den mir mein Chef gewährte, definitiv am falschen Platz war. Ich weigerte mich konsequent, mich auf die Finanzwelt einzulassen, und beschloss, nach einer neuen Stelle Ausschau zu halten. Das neue Stellenangebot kam noch vor Jahresfrist wie aus heiterem Himmel: Vier Jahre, nachdem ich die Handelszeitung als Redaktionsassistentin verlassen hatte, befand sich die Zeitung in einem grösseren Wandel. Ein neuer Chefredaktor wurde ernannt, und mit dieser Änderung nutzten auch einige weitere Redaktoren den Zeitpunkt für einen Wechsel. Ich erhielt ein Angebot für meine Traumstelle: Zuständigkeit für die Seiten «Management–Unternehmensführung» und «Karriere», zwei Seiten pro Woche, für die ich die alleinige Verantwortung tragen würde. Wow! Jetzt endlich konnte ich mein Wissen einsetzen, das ich in der Kaderschule erworben hatte. Keine Unternehmensberichterstattungen mehr über das Alltagsgeschäft und vor allem keine Aktienbewertungen, sondern tiefergehende Auseinandersetzungen mit allen Formen und neuen Modellen der Unternehmensführung, des Personalmanagements auf der einen Seite, der beruflichen Aus- und Weiterbildung sowie Laufbahnplanung auf der anderen Seite. Ich sagte sofort zu. Als ich meinem Chef von der Finanz und Wirtschaft meine Kündigung als gute Nachricht verkündete, als gute Fügung, dass er mich endlich loswerde, fand er zu meiner Überraschung: «Na ja, Sie lagen zwar öfter quer mit Ihren Meinungen, doch dieser Farbtupfer tat unserer Zeitung eigentlich ganz gut.» Es war das schönste Kompliment, das er mir zum Abschied machen konnte.

Meine Traumstelle bei der Handelszeitung

Gut acht Jahre wurden aus meinem Einsatz bei der Handelszeitung. Ich empfand meine Arbeit bis fast zum Schluss als Traumstelle. Ich hatte mein eigenes Büro, meine eigenen Zuständigkeitsbereiche, der Chefredaktor sowie die männerdominierte Redaktion akzeptierten mich als qualifizierte Journalistin, denn schliesslich hatte ich mir bei der Presseagentur und der F+W meine Sporen verdient. Auf der Seite «Management» konnte ich aus dem Vollen schöpfen und erst einmal all das einbringen, was ich auf der Kaderschule gelernt hatte, u. a. das in den 1980er Jahren sehr geschätzte «St. Galler Management-System» von Professor Hans Ulrich. Er plädierte u. a. für eine soziale und ökologische Marktwirtschaft – ja, schon damals! – und zeigte Wege, wie diese umzusetzen waren. Sein Denken war umfassend und seiner Zeit weit voraus, es lohnt sich noch heute, sich mit seinem Denken auseinanderzusetzen. Ich habe nie begriffen, warum sich nicht diese nachhaltige Form von Unternehmensführung, sondern sich bereits in den späteren 1990er Jahren immer stärker die rücksichtslose und einseitige Gewinnmaximierung durchsetzte. Ausgerechnet die Universität St. Gallen zog es vor, immer noch raffiniertere Systeme der Gewinn- und Geldmaximierung zu entwickeln, die den Volkswirtschaften und Unternehmungen mehr Schaden als Nutzen zufügten. Doch es dauerte lange, bis dies erkannt wurde. Ulrich dürfte sich im Grabe umdrehen.

Das Tolle an meiner Arbeit bei der Handelszeitung war: Ich lernte ständig dazu, denn ich nutzte jede Gelegenheit, an Managementkongressen und Seminaren teilzunehmen und darüber zu schreiben, von Peter Drucker, der Urguru für ein verantwortungsbewusstes Management über diverse Pragmatiker, die überzeugende Modelle vorstellten, zum Beispiel Edward de Bono (Laterales Denken), Claudio Weiss

(Das Delphi-Prinzip), Dudley Lynch (Delphin-Strategien), Hans-Ulrich Jost (Der Change-Navigator) und viele mehr. Dazu kam eine ganze Reihe von überzeugten Vertretern der Kreativität, zum Beispiel Mihály Csíkszentmihályi (Kreativität), der Walliser Arzt und Systemwissenschaftler Gottlieb Guntern (z. B. «Sieben goldene Regeln der Kreativitätsförderung» sowie zahlreich weitere Bücher als Herausgeber) bis hin zum «Modepublizisten» Gerd Gerken, der mit seinem damaligen Bestseller «Management by Love» (1990) für mehr Menschlichkeit in der Führung plädierte.

Ich las die einschlägige Managementliteratur von A bis Z und versuchte nach Möglichkeit, mit den Autoren (Autorinnen gab es kaum) ein Interview zu führen. Unzählige Managementsysteme kamen auf und verschwanden wieder. Der negative Aspekt daran war, dass sich einige Unternehmen kopfüber auf eine Methode stürzten, ohne sorgfältig zu prüfen, ob sie zur Geschichte der Unternehmung bzw. zur (bestehenden) Strategie passte. Und, noch schlimmer: Neue Führungspersonen begannen mit etwas Neuem, bevor das gerade noch mit Begeisterung eingeführte System der Vorgänger greifen konnte. Oft hörte ich von Mitarbeitenden, dass die Geschäftsleitung jedes Jahr ein neues Konzept verfolge, was zu grosser Verunsicherung führe. Das bekannteste Beispiel dürfte die damalige Swissair sein, deren Untergang zumindest teilweise auf diese häufigen Führungs- und Managementwechsel zurückzuführen ist.

Eine etwas zwiespältige Begegnung hatte ich mich dem Starautor Reinhard K. Sprenger. Seine frühen Bücher «Mythos Motivation» und «Das Prinzip Selbstverantwortung» hatten mich begeistert, und entsprechend hatte ich sie rezensiert. Umso grösser war die Enttäuschung, als ich ihm anlässlich eines Vortrags begegnete. Er wirkte kalt und arrogant, und seine üble Masche war zum Beispiel, die Theorie eines anderen Managementautors verzerrend, ja, vernichtend darzustellen, um zehn Minuten später die genau gleichen Inhalte mit anderen Worten zu präsentieren, als wären es seine eigenen Überlegungen. Es kommt oft vor, dass berühmt gewordene Personen im

Privatleben nicht das leben, was sie in ihren Büchern propagieren. Ein Paradebeispiel ist vielleicht – nebst vielen anderen – Jean-Jacques Rousseau, der im 18. Jahrhundert mit seinem «Du contrat social» wegweisend für die Entstehung einer Demokratie war, doch sein Erziehungsroman «Émile ou de l'éducation» stand in starker Diskrepanz zu seinem Privaten, steckte er doch seine eigenen Kinder ins Heim. Sprengers Buch über das Prinzip Selbstverantwortung hat meine natürliche Neigung dazu verstärkt und dominiert mein Verhalten bis heute. Wäre ich dem Autor nie begegnet, würde mein Urteil über ihn sicher milder ausfallen.

Die Vielfalt der Managementmethoden, mit denen ich mich vor über 20 Jahren intensiv beschäftigt habe, war gross. Zu Beginn der 1990er Jahre waren Themen wie Sinn, Verantwortung, Mitgefühl, Ganzheitlichkeit und Spiritualität keine Seltenheit. Der Wirtschaft ging es gut, und selbst kritische Führungspersonen waren interessiert, ihr Tun zu reflektieren und über die Folgen ihrer Entscheidungen für die Gesellschaft und die Natur nachzudenken. Esoterik war kein Schimpfwort, obwohl – ich gebe es gern zu – gerade in diesem Bereich ziemlich viel Unfug geschrieben wurde. Managementseminare, in denen es nicht um Wissenserwerb, sondern um die Entwicklung der eigenen Persönlichkeit ging, wurden gut besucht, und ich hatte immer wieder die Chance, daran teilzunehmen und darüber zu schreiben. Nachhaltig war für mich ein einwöchiges Seminar über Führung und Spiritualität mit Seminarleiter Bernardo Bienek. Mit einigen Personen dieses Seminars blieb ich noch längere Zeit in Kontakt, und einer der Teilnehmenden wurde später Auftraggeber für einen Organisationsentwicklungsprozess, den ich in seiner Unternehmung moderierte.

Zwei spannende, innovative Führungspersonen beeinflussten mich bis weit über die Redaktionszeit bei der Handelszeitung hinaus: ein Pragmatiker und ein Visionär. Beim Pragmatiker und Gründer des «Managementzentrums St. Gallen» Fredmund Malik absolvierte ich ein mehrteiliges Führungsseminar und vertiefte für mich selbst den Stoff, indem ich ihn für meine Managementseite in der HZ redaktionell aufarbeitete. Ich mochte Maliks Pragmatismus, seine Klarheit in der Sprache und seine Nähe zu Peter Drucker, auch wenn ich bei ihm das Visionäre vermisste. Vom deutschen Unternehmensberater und Visionär Matthias zur Bonsen erhielt ich einen ersten Einblick in die «Zukunftskonferenz», eine damals neue Methode der Organisationsentwicklung. Der Begriff «Vision» war bei Malik (und wahrscheinlich der Mehrheit der Wirtschaftskapitäne) eher negativ oder bestenfalls religiös besetzt, er setzte ihn mit Utopie gleich, also einer unerreichbaren Phantasie, und somit sinnlos. Für Matthias zur Bonsen war die Vision schlichtweg ein unternehmerisches Konzept, wie er es in seinem 1994 erschienenen Buch «Führen mit Visionen» ausführlich beschreibt. Diese Denkweise passte zu mir, weil ich schon immer ein zielgerichteter Mensch war. Doch die Vision ging noch viel weiter. Für mich galt fortan meine eigene Definition:

> «Die Vision ist ein konkretes Bild von einer wünschenswerten, lockenden und im Prinzip erreichbaren Zukunft. Von dieser Vision – die alle Bereiche beinhaltet – werden Zwischenziele abgeleitet, die zur Realisierung führen, und Massnahmen erarbeitet, die zur Erreichung eines jeden einzelnen Zwischenziels erforderlich sind.»

Die poetische Variante wurde schon viel früher, und zwar vom französischen Schriftsteller Antoine de Saint-Exupéry formuliert:

> «Wenn du ein Schiff bauen willst, so trommle nicht Männer zusammen, um Holz zu beschaffen, Werkzeuge vorzubereiten, sondern lehre die Männer die Sehnsucht nach dem weiten, endlosen Meer.»

Unternehmen wie Individuen, die ihr Tun mit einer Vision, mit Werten und mit Sinn untermauern, sind in der Regel erfolgreicher als solche, die kurzfristigen Moden und Gewinnvorteilen nacheilen. Der Grund: Sie sehen das Unternehmen als Teil eines Systems, das in einem grösseren Ganzen eingebettet ist und in seiner unternehmerischer

Tätigkeit alle Stakeholder und nicht nur die Shareholder miteinbeziehen will, wie dies die herkömmliche Betriebswirtschaftslehre propagiert. Jahre später wurde Matthias zur Bonsen für mich der Guru für Grossgruppenmoderationen im Bereich der Organisationsentwicklung, doch davon später mehr.

Zuerst zurück zu Malik: Er war einer der wenigen einsamen Rufer in der Wüste, der sehr früh vom Kollaps des Finanzsystems warnte. Als eine überwiegende Mehrheit der Finanzmanager mit leuchtenden Augen die Entwicklung an den weltweiten Börsen verfolgten und sich tatsächlich so verhielten, als würden die Kurse ewig in den Himmel steigen, scheute sich Malik nicht davor, vor dieser Euphorie zu warnen. Ich kannte Leute, die ihr gesamtes privates Vermögen verspielten, sie spekulierten, als wären sie im Casino. Mit einem seriösen Investment hatte dies längst nichts mehr zu tun. Malik bleibt indes ein unermüdlicher Wirtschaftstheoretiker, der es verdient, gehört zu werden. Dank des monatlichen Newsletters aus Maliks Institut bleibe ich über die Entwicklungen in Management und Führung informiert.

Eine kurze Zeit des Aufbruchs

Es gab in den 1990er Jahren zahlreiche seriöse Wirtschafts- und Naturwissenschaftler sowie Managementexperten, die sich für ein verantwortungsvolles Unternehmertum einsetzten, auch in Bezug auf Ökologie. Erwähnenswert ist beispielsweise der bekannte deutsche TV-Journalist Franz Alt mit dem 1994 (!) publizierten Buch «Die Sonne schickt uns keine Rechnung – die Energiewende ist möglich». Zu berücksichtigen ist an dieser Stelle ebenfalls das bereits 1992 erschienene Buch von Ervin László «Der Laszlo-Report – Wege zum globalen Überleben».

In bester Erinnerung bezüglich Management bleibt mir der Wirtschaftswissenschaftler Arnold Weissman, der mit der einfachen Aussage «Nutzen bieten, heisst Nutzen ernten» das unternehmerische Prinzip auf den Punkt brachte: Ziel der Unternehmung ist *nicht* die

Gewinnmaximierung, sondern das Erbringen einer Leistung, eines Nutzens, sei es in Form von Produkten oder Dienstleistungen, die den Menschen dienen. Und wenn man dies erfolgreich tut, ergibt sich daraus ein vernünftiger Gewinn, der reinvestiert und somit zur Fortbestehung der Unternehmung beitragen kann. In seinem 1997 erschienenen Buch «Sinnergie – Wendezeit für das Management» stellt Weissman in zehn Leitlinien sein Konzept für eine sinn- und werteorientierte Unternehmensführung dar. Der Verlag Orell Füssli zitierte auf dem Buchumschlag den Zukunftsforscher Matthias Horx mit den Worten: «Sinnergie ist wirklich die beste und eleganteste Zusammenführung der verschiedenen Veränderungsansätze für Geist, Seele und Unternehmertum.»

Zahlreiche kleine und mittelgrosse Familienunternehmen (KMU) verschiedenster Branchen liessen sich damals von Unternehmensberatern wie Weissman und weiteren Wirtschaftswissenschaftlern, wie den oben erwähnten, beraten, die sich primär von Ethik, Win-Win-Strategien und Verantwortungsbewusstsein gegenüber Mensch und Umwelt leiten liessen. Es war eine kurze Zeit des Aufbruchs, selbst einige börsenkotierte Grossunternehmen zeigten sich offen für ein neues Denken unter Einbeziehung der Interessen aller Stakeholder und der Mitarbeitenden bei der Umsetzung einer neuen Strategie.

Damals hatte ich die naive Hoffnung, dass sich mit dem Übergang ins 21. Jahrhundert *alles* ändern würde. Ja, als unverbesserliche Optimistin glaubte ich tatsächlich an das sogenannte «Wassermannzeitalter», das nach der Jahrtausendwende mehr Frieden auf der ganzen Welt und mehr Achtsamkeit gegenüber Mensch und Natur versprach. Wie wir alle wissen, kam es ganz anders. Kriege brachen in verschiedenen Gegenden der Welt aus, die börsenkotierten Wirtschaftsunternehmen frönten nur noch dem Kapitalismus, der Gewinnmaximierung und dem Neoliberalismus. Mein Optimismus wechselte zeitweise in Verzweiflung, weil in meiner Wahrnehmung in der Zeitspanne 2000 bis 2019 nicht Mitgefühl für Mensch und Natur, sondern die Gier, die Mentalität des Habens, wenn nicht gar des Hasses, die Welt regierte.

Mit dem Schreiben des ersten Teils dieses Kapitels begann ich Anfang 2018. Aus verschiedenen Gründen hat sich die Fortsetzung, mein
Buch zu schreiben, immer wieder verzögert. Deshalb schrieb ich den
zweiten Teil (ab Handelszeitung) erst ab Januar 2020, als das Welt-
wirtschaftsforum in Davos stattfand. Dort wurden zwar (wie auch in
früheren Jahren) keine verbindlichen Beschlüsse gefasst. Dennoch
habe ich seit Beginn der 2020er Jahre den Eindruck, dass die Zeit nun
definitiv reif für eine Wende ist. Ökologisches und verantwortungsbewusstes Unternehmertum mit der Einbeziehung aller Stakeholder
sollten endlich von der (vergessenen) Theorie in die Praxis übergehen.

Trotz der Begeisterung, die ich in meiner Arbeit für die Handelszeitung empfand, kamen irgendwann Zweifel auf. In der Redaktion zeich-
neten sich gewisse Veränderungen ab, zuerst nur subtil, nicht greif-
bar, doch immerhin so, dass ich mir Gedanken machte, ob irgendwann
ein weiterer Berufswechsel sinnvoll sein könnte. Ich nahm einen
Monat Ferien und begab mich nach Bali, in denselben Ashram, über
den ich im Kapitel Tourismus geschrieben habe. Nach vier Wochen
Ruhe an diesem abgeschiedenen Ort, stundenlangem Üben von
Tai-Chi und langen Meditationen formulierte ich mein neues Ziel: «Ich
will nicht mehr bloss ‹Schreibtischtäterin› sein, sondern will direkt mit
Menschen zusammenarbeiten.» Bloss, was hiess dies genau?

Nach und nach bildeten sich Ideen in meinem Kopf, ich sah mich zuerst mal als Beraterin, Kursleiterin in der Erwachsenenbildung, und
später kam die Idee der Organisationsentwicklerin dazu. Zurück am
Arbeitsplatz liess ich die «balinesische Vision» zuerst einmal auf mich
wirken, lebte meinen Alltag und wartete ab, ob diese Bestand haben
würde. Als ich – zufällig und zum richtigen Zeitpunkt – ein Inserat
fand, das eine einjährige Ausbildung zur Erwachsenenbildnerin anbot, wusste ich: Das ist es. In meiner Begeisterung wollte ich mich
sofort selbständig machen, um als freischaffende Journalistin genügend Zeit für die Weiterbildung zu haben. Ich sprach mit meinem
Chefredaktor, der mich glücklicherweise auf den Boden der Realität
zurückbrachte. Er bot mir an, meine Arbeitszeit zu reduzieren und

mein zweites Standbein nebenberuflich aufzubauen. Welch ein Glück! Einmal mehr hatte ich – dank eines tollen Chefs – die Chance, Beruf und Bildung zu vereinbaren, ein Modell, das mir seit dem 17. Lebensjahr vertraut war. Wir einigten uns auf 60 %, und in dieser Zeit gab ich alles, um meine Redaktionsstelle mit weiteren engagierten Managementartikeln auszufüllen.

Parallel dazu absolvierte ich eine unglaubliche Anzahl von Aus- und Weiterbildungen in diversen Bereichen der Erwachsenenbildung, Persönlichkeitsentwicklung, Organisations- und Teamentwicklung sowie Moderation. Ab und zu konnte ich das Gelernte dank diverser Aufträge von KMU, Schulen oder aus dem Gesundheitsbereich in der Praxis umsetzen. Und als im Januar 1997 bei der Handelszeitung eine (wenn auch geringe) interne Umstrukturierung in Richtung Hierarchisierung stattfand, beschloss ich, definitiv meine eigenen Wege zu gehen. Jetzt fühlte ich mich genügend vorbereitet, um den Schritt in die 100-prozentige Selbständigkeit zu wagen. Der 1. April 1997 war der erste Tag einer völlig neuen und vielfältigen Lebensphase, die ich im nächsten Kapitel beschreibe.

Eine Redaktionssitzung bei der Handelszeitung (1990) und eine darauffolgende Reflexion über meine Arbeit als Wirtschaftsredaktorin

Irak hat Kuwait annektiert (2. August 1990). Die USA haben Streitkräfte nach Saudi-Arabien geschickt. An den Weltbörsen herrscht Flaute, die Kurse der multinationalen Gesellschaften verloren mehrere Prozentpunkte. «Jetzt einsteigen», hiesse eigentlich die Devise für rational denkende Anleger. Aber dass die Börse die irrationalste Sache des Wirtschaftslebens überhaupt ist, wusste ich seit dem Börsencrash vom 19. Oktober 1987. Damals war ich noch in den Anfängen des Wirtschaftsjournalismus und arbeitete für eine Presseagentur, stets darum bemüht, das Schulwissen in die Praxis abzuleiten. «Je grösser das Angebot, desto tiefer der Preis, je knapper ein Gut, desto höher sein Preis», lautet eines der ersten Gesetze der Betriebswirtschaft. Auf die Börse übertragen, müsste dies doch heissen, wenn so viele Spekulanten gleichzeitig ihre Aktien auf den Markt werfen, dann müssen die Kurse sinken. Beim bereits in die Wirtschaftsgeschichte eingegangen Crash 1987 verloren zuerst die Händler der New Yorker Börse die Nerven, dann folgten die Europäer und schliesslich die Japaner. Ich erinnere mich, dass ich am zweiten Crashtag an der Zürcher Börse war, um eine Reportage für die Presseagentur zu schreiben, und traute meinen Augen nicht: Fehlte nur noch, dass sich die Händler auch physisch in die Haare gerieten. Die Stimmen waren vom vielen Schreien längst heiser und weisse Taschentücher fuhren immer wieder über die schweissnasse Stirn. Ich musste lachen, als ich daran zurückdachte. An diesem Tag habe ich die Illusion von rational denkenden und handelnden Börsianern endgültig verloren.

«Denkst Du eigentlich mit, Helena?» Die Stimme des Chefredaktors bringt mich wieder in die Gegenwart zurück. «Aber ja, natürlich, ich bin ganz bei Euch», erwiderte ich. Ach, diese Sitzungen! Sie dauerten immer so unendlich lange. Dabei könnte man in dieser Zeit so viel Wichtigeres erledigen. «Ja, ich bin auch der Meinung, dass sich die Schweiz dem weltweiten Boykott gegen den Irak anschliessen sollte», ergänzte ich, «Neutralität hin oder her, es wird doch Zeit, dass unsere Regierung endlich Farbe bekennt.»

Endlich sind Meinungsspalte, die Themen für die ‹Aufhänger› auf der Titelseite und das Plakat entschieden. Der Chefredaktor bedankt sich für das Mitmachen – die Redaktionsmitglieder können an die Arbeit. Ich hole mir eine Tasse Kaffee. Es ist erst die zweite, dafür aber eine Doppeltasse.

Meine Redaktionskollegen und eine Kollegin – mit der ich mich allerdings nicht im Geringsten verbunden fühlte – wussten, dass ich mich seit einiger Zeit in meiner Freizeit mit Tai-Chi und Yoga beschäftige. Meine seltsamen Ferienpläne, zum Beispiel eine Heilfastenkur, eine Meditationsreise nach Bali mit Aufenthalt in einem Ashram und das soeben absolvierte Sehtraining werden kommentarlos hingenommen. Ich habe nie ein Geheimnis daraus gemacht, wenn man mich danach fragte, und ich kümmerte mich nicht im Geringsten darum, ob man sich hinter meinem Rücken darüber lustig machte oder nicht. Erstaunlicherweise reklamierten die Kollegen selbst dann nicht, als ich begann, spirituelle Themen in meine Rubriken aufzunehmen. Ein Interview mit dem Kreativitätsforscher Gottlieb Guntern, der über den Verlust der Spiritualität bei der Mehrheit der Menschheit klagte, sowie ein Interview mit einem Meditationslehrer, der stressgeplagten Managern verspricht, durch regelmässige Entspannungs- und Meditationsübungen mehr Gelassenheit zu erlangen, wurden ebenso wenig infrage gestellt, als wenn ich über die mir auferlegten Zuständigkeiten schrieb, zum Beispiel die Beschreibung neuer Managementmodelle und -techniken, Controlling oder andere rein betriebswirtschaftliche Themen.

Überhaupt wurden die Artikel der einzelnen Redaktionsmitglieder nur selten diskutiert. Auch der Chefredaktor versuchte nicht, mich von meinen philosophischen Themen abzuhalten. Das war auch gut so. Denn seit der Reise nach Bali war ich mir längst nicht mehr sicher, den richtigen Job auszuüben. Was wollte ich eigentlich bei einer Wirtschaftszeitung? Eigentlich wäre ich nach meinen Tourismusjahren viel lieber Reisejournalistin geworden. Rein zufällig landete ich im Wirtschaftsjournalismus. Damals war ich dankbar, überhaupt eine Praktikumstelle bekommen zu haben; ich konnte es mir nicht leisten, wählerisch zu sein.

Ich wurde Wirtschaftsredaktorin, ‹faute de mieux›. Erst bei der Handelszeitung hatte ich mit meinen Zuständigkeitsbereichen Management, Human Resources, Berufsbildung und Laufbahnplanung die Chance, mich auch mit philosophischen Themen zu beschäftigen. Und ich war mit den Jahren immer stärker von der Wichtigkeit überzeugt, gerade für ein wirtschaftlich orientiertes Publikum über Sinn, Verantwortung, Ethik, ja, sogar über Spiritualität zu schreiben. Die meisten dieser Leute würden ja sonst kaum jemals mit diesem Gedankengut in Berührung kommen. Ich war mir bewusst, dass ich nicht Massen ansprechen würde, hoffte jedoch, mit jedem meiner Artikel einige Personen zum Nachdenken anzuregen. Dennoch zweifelte ich *gelegentlich, ob mir das wirklich gelinge. Nach Bali – ich hatte vier Wochen in einem hinduistischen Ashram gelebt und mir in der Einsamkeit viel Zeit zum Nachdenken genommen, um mir über künftige Berufsmöglichkeiten klar zu werden – erhielt ich ganz unverhofft von verschiedenen Seiten ein sehr positives Echo: «Ihre Arbeit ist sehr wichtig! Sie müssen sie weiterführen», wurde mir von Leuten gesagt, die ich sehr achtete. Also tat ich es, weiterhin nach einer Balance suchend, das eine Bein bei der Zeitung, als engagierte Wirtschaftsjournalistin, das andere als Suchende in – zum Teil – esoterischen Kreisen. Weder hier noch dort fühlte ich mich ganz zu Hause, genauer gesagt, fühlte ich mich wie ein ‹Go-between›, einmal hier, einmal dort vermittelnd, ohne mich selbst ganz für eine Seite entscheiden zu können.*

Die Jahre der Selbständigkeit: 1997–2018

Vielseitig auf vier Beinen

In den letzten drei Jahren als Redaktorin bei der Handelszeitung – in denen ich mein Pensum auf 60 % reduziert hatte –, absolvierte ich zahlreiche Ausbildungen, um meine Selbständigkeit auf eine solide Basis von mindestens vier Beinen zu stellen. Die Grundlagen der Erwachsenenbildung, Methodik und Didaktik erwarb ich beim damaligen Schweizerischen Institut für Betriebsökonomie (SIB). Beim Forum für Meta-Kommunikation Berlin, unter der Leitung von Bernd Isert und seinem Team, absolvierte ich über mehrere Jahre hinweg meine gesamte NLP-Ausbildung, vom Practitioner, zum Master und zur Trainerin – eine der umfassendsten Ausbildungen der Persönlichkeitsentwicklung, die man sich nur vorstellen kann. Sie passte mit meinem seit jeher angestrebten und gelebten Streben nach Selbstverantwortung, Ethik und der Haltung von Win-Win-Strategien zu 100 % überein und förderte sie professionell in einem Ausmass, sodass ich sie später an andere weitergeben konnte. Leider gerieten die drei Buchstaben NLP (neurolinguistisches Programmieren) in Verruf, weil das System – gerade wegen seines Erfolgs – missbräuchlich eingesetzt wurde, zum Beispiel in der Verkaufsförderung und leider auch von Sekten. In einem Artikel für die Handelszeitung habe ich die Grundlagen eines ethisch vertretbaren NLP dargestellt.

Rund zwei Jahre – da war ich bereits selbständig – dauerte die Ausbildung am «zak zentrum für agogik» in Supervision, Coaching und Organisationsberatung. Dort erlernte ich die Grundlagen für Einzel- und Organisationsberatung. Ich ergänzte sie mit einem Nachdiplomkurs über Integrative Organisationsberatung an der damaligen Fachhochschule Solothurn Nordwestschweiz.

Unzählige Ausbildungen erwarb ich schliesslich im Bereich der Moderation von grossen Gruppen, angefangen bei der «Zukunftskonferenz» (nach Marvin R. Weisbord) mit 64 Personen bis zur «Open-Space-Konferenz»[2] (nach Harrison Owen) mit mehreren Hundert Teilnehmenden. Daneben existieren zahlreiche weitere Methoden, die ab Ende der 1980er bis Ende der 1990er Jahre im Bereich der Organisationsentwicklung in Firmen, Non-Profit-Unternehmen, im Bildungs- und im Gesundheitswesen zum Einsatz kamen. Alle diese Grossgruppenmethoden haben als oberstes Prinzip die Einbeziehung der Beteiligten.

Während es bei KMU oft möglich ist, sämtliche Mitarbeitende an einem Prozess teilhaben zu lassen, so ist es in einem grösseren Betrieb wichtig, darauf zu achten, dass ein repräsentativer Querschnitt der Mitarbeitenden aus allen Bereichen und Hierarchiestufen an der Konferenz teilnimmt, die von einem bis zu drei Tage dauern kann. Die Teilnehmenden an der Konferenz sind es dann auch, die im Anschluss an eine Konferenz deren Zielsetzungen an ihre Kolleg*innen im jeweiligen Arbeitsbereich weitergeben. Das mündliche Briefing und der ausführliche Tagungsbericht bilden die Grundlage für die Umsetzung im Alltag. Eine Grossgruppenkonferenz ist eine ziemlich aufwendige und kostspielige Angelegenheit. Sie sollte nicht einfach als «l'art pour l'art» durchgeführt werden, sondern immer nur als ein Start, sozusagen als Initialzündung eines umfassenden Organisationsentwicklungsprozesses.

Pionier dieser Grossgruppenveranstaltungen war der deutsche Unternehmensberater Matthias zur Bonsen, der mit seinem Team die ersten Ausbildungen für Grossgruppenmoderation durchführte. Er selbst hatte sie von den damaligen Koryphäen der Organisationsentwicklung (OE) in den USA kennengelernt und war bestrebt, sie in Europa einzuführen. Mitte 1996 besuchte mich zur Bonsen in der Redaktion der Handelszeitung und stellte mir die «Zukunftskonferenz» in der Theorie und als Video einer US-Veranstaltung vor. Ich war davon dermassen begeistert, dass ich eine ganze Zeitungsseite darüber schrieb und damit zahlreiche Leser*innen ansprach, die schon lange Interesse daran

---

2   Ich schreibe diese Begriffe in Anführungszeichen, wenn es sich um eine bis ins Detail strukturierte Vorgehensweise des jeweiligen Gründers der Methode handelt.

hatten, ihre Mitarbeitenden stärker in einen Veränderungsprozess einzubeziehen, statt dass, wie bei traditionellen Beratungsfirmen üblich,
von oben herab gesagt wird, was getan werden soll. Und: In meinem
Hinterkopf hatte ich bereits eine vage Idee, wie ich derartige Verfahren zu einem späteren Zeitpunkt eventuell nutzen könnte.

Die Chance kam früher, als erwartet: Im Dezember 1996 lud Matthias
zur Bonsen zum ersten Mal zu einer dreitägigen Ausbildungskonferenz am Bodensee. Mit der Idealzahl von 64 Personen (acht Achtertische) führten wir eine ursprüngliche «Zukunftskonferenz» in ihren fünf
Phasen durch, allerdings, indem wir nach jeder Phase auf der Metaebene die theoretischen Grundlagen dazu erhielten und im Plenum
diskutierten. Ich hatte daran allein mit der Idee teilgenommen, darüber zu schreiben. Der Zufall wollte es, dass mich am zweiten Abend
der Konferenz ein Kollege anrief und mich über die bevorstehende
Neustrukturierung bei der Handelszeitung informierte. In dieser
Nacht fällte ich meine definitive Entscheidung: Jetzt war der Moment
gekommen, um mich von der komfortablen Teilanstellung zu lösen
und mich endgültig für meine Selbständigkeit zu entscheiden. In der
folgenden Woche kündigte ich meine Stelle per Ende März 1997.

Jetzt geht es los

Der erste Tag meiner selbständigen Erwerbstätigkeit hätte perfekter
nicht sein können. Am 1. April 1997 reiste ich frühmorgens nach Bern
und begann für ein Handelsunternehmen den ersten Tag einer mehrwöchigen Organisationsentwicklung. Dem Prozess waren mehrere
vorbereitende Gespräche mit dem CEO und diverse Konzepte zur
Gestaltung dieses komplexen Veränderungsprozesses vorausgegangen. Diese Vorbereitungen hatten in den letzten Wochen meiner
Teilselbständigkeit begonnen, als ich noch zu 60 % als Redaktorin
bei der Handelszeitung arbeitete. Ab jetzt war ich zu 100 % auf mich
allein gestellt. Was für ein Glück, dass ich mit etwas anfangen durfte,
das mich von A bis Z begeisterte. Es ging um die Umsetzung einer Vi-

sion, die der CEO – gemeinsam mit allen seinen Mitarbeitenden – zur Umsetzung bringen wollte. Das war definitiv mein Thema, denn nicht umsonst habe ich meine Einzelfirma «Zukunftsgestaltung» genannt.

Allerdings handelte es sich nicht um die oben erwähnte «Zukunfts-konferenz» – das war aus technischen Gründen nicht möglich –, sondern um ein Vorgehen in Etappen. Die an einer Retraite vom CEO und seinem Geschäftsleitungsteam mit meiner Moderation im Voraus formulierte Vision wurde den Mitarbeitenden zu Beginn eines Tagesworkshops zu je 20 Personen vom CEO persönlich vorgestellt. Danach wurden sie beauftragt, gemeinsam an deren Umsetzung im eigenen Bereich zu arbeiten. Jeder Workshop war aus Personen verschiedener Bereiche zusammengesetzt.

Konkret ausgedrückt, heisst das: Wenn die Unternehmensvision beispielsweise den Teilbereich *Nachhaltigkeit* vorsieht, dann formulieren die Mitarbeitenden in Kleingruppen erste Denkanstösse, die in ihrem eigenen Bereich von Bedeutung sind, also in sogenannten homogenen Gruppen mit Angestellten in der Produktion, im Verkauf, im Human Resources, im Finanzwesen usw., also in allen Bereichen der betreffenden Unternehmung. Darauf folgt eine Sequenz in heterogenen Gruppen, also ein Mix von Vertreter*innen aller Bereiche. Hier werden gesamtheitliche Ziele formuliert, die für alle Bereiche gleichermassen umgesetzt werden sollen, sowie spezifische Ziele, die nur einzelne Bereiche tangieren. Zum Abschluss des Workshops arbeiten die Mitwirkenden nochmals in homogenen Gruppen an konkreten Vorgehensweisen für die Umsetzung der Ziele an ihrem eigenen Arbeitsplatz. Diese werden von jeder einzelnen Person in Form eines persönlichen Commitments verabschiedet, zum Beispiel: «Mein Beitrag zu mehr Nachhaltigkeit im Verkauf ist ...» Diese Aussagen werden protokolliert und zur Überprüfbarkeit in einen zeitlichen Rahmen gesetzt. Dadurch erhält das Ganze eine Verbindlichkeit. An kurzen homogenen und/oder heterogenen Treffen in Abständen von rund vier Wochen wird in den Teams regelmässig überprüft, was bereits gut funktioniert und wo es noch gewisse Anstrengungen braucht, manchmal auch eine Umformulierung des Ziels, wenn etwas nicht realisierbar war.

Ein wichtiges Ziel des CEO war es, mit diesen Tagesworkshops die Mitarbeitenden zu animieren, künftig im eigenen Bereich selbständiger und mit mehr Eigenverantwortung zu arbeiten. Ich glaube, sagen zu dürfen, dass dieses Ziel nach Abschluss des zwölften Tagesworkshops erreicht war. Auf diesen ersten mehrstufigen OE-Prozess in einem Handelsunternehmen folgten über all die Jahre hinweg zahlreiche Begleitungen in KMU verschiedenster Branchen und in Non-Profit-Organisation. Diese waren – je nach Ausgangslage und Zielsetzung – anders gestaltet, mit mehr oder weniger Personen, doch immer mit einer grösstmöglichen Einbeziehung der Mitarbeitenden.

Spannend empfand ich auch Begleitungen einer Geschäftsleitung, zum Beispiel an einer Retraite, sowie das Coaching von Leitungsteams in regelmässigen Abständen in halbtägigen Sequenzen, in denen sie vertieft über Probleme und deren Lösungen im Alltag diskutierten.

Open Space: meine Lieblingsmethode

Es gibt keine Methode, bei der ich mehr Begeisterung erlebt habe, als bei der «Open Space Technology» nach Harrison Owen. Bei einer Open-Space-Konferenz steht «Open Space» für «offener Raum», der den Eingeladenen von zwei bis drei Tagen zur Verfügung steht, um Ideen, Lösungen oder Phantasien zu einem vorgegebenen Thema zu suchen und zu finden. In einem grossen Konferenzzentrum mit einem riesigen Plenumsraum und zahlreichen Nebenräumen treffen sich 60 bis 120 Mitarbeitende einer Firma oder einer Organisation (es könnten auch 30 bis 300 sein). Sie werden persönlich zu dieser Konferenz eingeladen, mit der Bitte, gemeinsam mit anderen Menschen an einem bestimmten Thema zu arbeiten.

Nach ihrer Ankunft setzen sie sich im Plenumssaal auf Stühle in ein bis drei konzentrischen Kreisen, mit einem grösstmöglichen leeren Raum in der Mitte. Es gibt weder Tische noch Hellraumprojektoren oder Leinwände für Power-Point-Projektionen, sondern nur vier Plakate an den Wänden, auf denen in wenigen Wörtern die Open-Space-Prinzipien beschrieben sind. An einer Wand des Konferenzsaals hängt ein grosses Plakat, auf dem das Thema der Konferenz mit grossen Lettern steht, (zum Beispiel «Die Zukunft unserer Unternehmenskultur» oder «Wie erhöhen wir die Attraktivität unserer Berufsfachschule?»). An einer anderen Wand stehen mehrere Pinnwände, auf denen Zeitgefässe stehen, zum Beispiel 09:00 bis 10:30, 11:00 bis 12:30 oder 14:30 bis 16:00. In der Kreismitte liegen mehrere farbige Flipchartmarker und leere, weisse Blätter auf dem Boden.

Der CEO oder die Präsidentin der einladenden Firma oder Organisation begrüsst die Anwesenden, erinnert kurz an das Konferenzthema und übergibt das Mikrophon der Moderation. Diese erklärt die «Open-Space-Prinzipien» für die Zusammenarbeit während der Gesprächsrunden, zum Beispiel: «Wer immer kommt, ist gerade die richtige Person»; «Was auch geschehen mag, es ist das Einzige, was im Moment geschehen kann» und zwei weitere. Sie erklärt auch die Verhaltensweisen, dass sich die Teilnehmenden als Hummeln oder Schmetterlinge bewegen und jederzeit das «Gesetz der zwei Füsse» anwenden können, wenn es ihnen in einer Gesprächsrunde langweilig wird.

Nach der rund 20-minütigen Einführung sind die Teilnehmenden eingeladen, in die Mitte des Kreises zu kommen, ihre Idee mit ein paar Stichwörtern auf ein weisses Blatt zu schreiben, dem Plenum kurz ihren Namen und das Thema zu nennen. Danach heften sie es an eine der Pinnwände mit dem Zeitgefäss, in dem sie später eine etwa anderthalbstündige Gesprächsrunde leiten werden. Manchmal können die Leute kaum warten, bis sie ihr Thema nennen dürfen, manchmal gibt es zu Beginn oder zwischendurch eine kurze Verzögerung, doch Tatsache ist: Nach dieser Phase werden alle Pinnwände und

Zeitgefässe voll sein und damit auch die Themen, die während der anderthalb- bis dreitägigen Konferenz diskutiert werden.

Es ginge zu weit, in diesem Text noch weiter ins Detail zu gehen. Tatsache ist, dass eine Open-Space-Konferenz – wenn sie in der Originalform durchgeführt wird – immer mit Resultaten endet, die später im Alltag umgesetzt werden können. Es wird intensiv gearbeitet, und die Teilnehmenden haben sichtbar Spass. Vielleicht ist die Open Space Technology deshalb so erfolgreich, weil sie fast nichts vorschreibt und dennoch so vieles ermöglicht. Auf diesen Konferenzen habe ich magische Momente erlebt, weil die grosse Leere bei den Mitwirkenden ein Maximum an Ideen auslöst, weil sie mit Gleichgesinnten an Themen und schliesslich an Lösungen arbeiten können, die sie selbst genannt hatten, und, das Wichtigste: vom CEO bzw. vom Präsidium wertgeschätzt werden.

Ich habe mehr als einmal erlebt, dass mich ein Geschäftsleitungsteam beim Auftragsgespräch bat – trotz Referatsverbot –, bei der Begrüssung ein paar Punkte erwähnen zu dürfen, die ihnen besonders am Herzen lagen. Ich konnte sie jeweils mit der Aussage beruhigen: Vertrauen Sie Ihren Mitarbeitenden; wenn ein Thema in der Luft liegt, wird es garantiert zur Sprache kommen. Warten Sie mit Ihren Meldungen während der Themensammlung bis zum Schluss, wenn ich den Leuten zurufe: «Wer jetzt nicht ins Zentrum kommt und am Ende der Konferenz beim Hinausgehen kritisiert, das wichtigste Thema sei nicht genannt worden, der ist selbst persönlich dafür verantwortlich. Also, nutzen Sie jetzt die letzte Chance, das zu nennen, was Ihnen wirklich unter den Fingernägeln brennt!» Ich habe nie erlebt, dass die Mitglieder der Geschäftsleitung auf diesen Moment warten mussten; das von ihnen gewünschte Thema wurde vonseiten der Teilnehmenden jeweils schon sehr früh genannt und in der Auswahlphase vom Plenum für die Umsetzung nominiert.

Zugegeben, es ist für einen CEO bzw. für ein Geschäftsleitungsgremium nicht einfach, zu akzeptieren, dass durch die gesamte

Grossgruppenkonferenz basisdemokratische Regeln herrschen, was bedeutet, dass die Voten der Lernenden gleich viel Gewicht wie jene des CEO erhalten. Die Auswahl der sieben bis maximal zehn Themen, die mit oberster Priorität umgesetzt werden sollen, erfolgt mit Punkten. Alle Teilnehmenden erhalten zehn Punkte, die sie beliebig vergeben können.

Es wird deshalb klar: Der einzige Grund, der eine Open Space Konferenz zum Flop macht oder von vornherein verunmöglicht, ist meines Erachtens ein autoritäres Management, das seinen Mitarbeitenden kein Vertrauen schenkt und das nicht glaubt, dass diese durchaus bereit und fähig sind, mit eigenen Ideen, Eigeninitiative und Selbstverantwortung zum Erfolg des Unternehmens beizutragen. Es braucht ein Management, das es schafft, loszulassen und nicht alles selbst kontrollieren will.

Der bereits oben erwähnte Matthias zur Bonsen sagt dazu: «Es braucht ein neues Paradigma der Führung: Eine Richtung vorgeben, Rahmen setzen, Raum geben, vertrauen, loslassen und selbst das Chaos erlauben.» Wenn eine Unternehmung dazu nicht bereit ist, dann ist eine Open Space Konferenz nicht die richtige Methode, um einen Veränderungsprozess zu beginnen.

Ich persönlich habe mehrmals – selbst in finanziell kritischen Zeiten – einen Moderationsauftrag abgelehnt, wenn sich herausstellte, dass eine Geschäftsleitung zwar durchaus bereit gewesen wäre, ihren Mitarbeitenden eine spannende Konferenz zu bieten – zum Beispiel anstelle eines Ausfluges –, jedoch explizit nicht akzeptiert hat, sich auf die Ideen der Mitarbeitenden einzulassen. Für mich hätte das bedeutet, die Mitarbeitenden zu verschaukeln, und dazu wollte ich auf keinen Fall Hand bieten. Die Moderation von Grossgruppenkonferenzen war mein liebster Teilbereich meiner selbständigen Aktivitäten. Allerdings konnte ich davon nicht leben, wahrscheinlich, weil ich bei den jeweiligen Auftragsgesprächen zu konsequent war.

Ich vermute, dass nicht alle Moderator*innen so streng sind wie ich, zumal auf dem jährlichen Treffen für Grossgruppenarbeit im deutschen Oberursel – das jeweils mit über hundert Personen im Open-Space-Modus stattfand – immer jemand das Thema aufbrachte: «Was tun wir mit open-Space-geschädigten Mitarbeitenden?»

Offene Kommunikation

Ein Ereignis aus all den Moderationen von Grossgruppenkonferenzen bleibt mir in besonderer Erinnerung. Es war an einem schönen Nachmittag im grossen Konferenzzentrum von Montreux, wo ich mit meinem Auftraggeber und Co-Moderator eine Open-Space-Konferenz mit 170 Personen vorbereitete, als plötzlich mein iPhone klingelte. Es war mein Partner Emil, der mit ernster Stimme verkündete: «Es sind Kursflugzeuge in die Twin Towers von New York geflogen …», und, bevor er weiterfahren konnte, erwiderte ich ziemlich ungeduldig: «Mach keine dummen Witze, wir sind hier ziemlich gestresst!», und beendete den Anruf. Ich vergass die Nachricht, wir setzten unsere Arbeit fort und gingen irgendwann zum Abendessen. Als ich kurz vor 22:00 in mein Hotelzimmer zurückkehrte, fiel mir Emils Nachricht wieder ein, ich stellte das Fernsehen ein (was ich sonst nie tue) und stiess augenblicklich auf Bilder mit den Flugzeugen und den einstürzenden Türmen. Ich dachte zuerst an einen blöden Science-Fiction-Film und versicherte mich, ob ich wirklich in der Sendung 10 vor 10 war. Erst jetzt begriff ich, was passiert war. Mein Schock war gross, doch es war zu spät, um meine Kolleg*innen zu kontaktieren.

Zum Glück hatten wir (die Moderation und zuständige Personen der Unternehmung) einen sehr frühen Zeitpunkt für unser gemeinsames Frühstück und die letzten Vorbereitungen für die Konferenz vereinbart. Es handelte sich um ein US-Unternehmen, und wir erwarteten, dass die Betroffenheit gross sein würde. Wir diskutieren lange, ob und in welcher Form wir die Teilnehmenden informieren sollten. Nach dem allgemein gültigen Prinzip einer Organisationsentwicklung

«Störungen haben Vorrang» entschieden wir uns, sofort nach der Begrüssung die Katastrophe zu erwähnen und in einer Schweigeminute
der Opfer zu gedenken. Erst danach begannen wir die Open-Space-
Konferenz und baten die Teilnehmenden, sich im eigenen Interesse
(es ging um bessere Arbeitsbedingungen und abläufe) zu 100 %
auf die Konferenz zu konzentrieren. Es gelang. Die anfänglich noch
gedrückte Stimmung besserte sich mit jeder Stunde, und bis zum Abschluss am übernächsten Tag waren zehn Ziele mit Projektentwürfen
formuliert und mit Angabe der zuständigen Personen verabschiedet.
Beim Abschluss mit dem sogenannten «Stab des Indianers» (die
Leute sitzen in grossen, konzentrischen Kreisen auf Stühlen) bedank-
ten sich manche für unsere Sorgfalt, dass wir diesem unsagbaren
Ereignis vor dem Beginn der Konferenz Raum gegeben hatten. Den
11. September 2001 hätte ich auch sonst nicht vergessen, er berührt
mich bis heute, doch mit dieser Open-Space-Konferenz erhält er eine
zusätzliche Bedeutung.

Managementseminare

Dem dritten Bein ordne ich die Seminartätigkeit zu, die ich im Auftrag der «BWI-Management-Weiterbildung» in knapp 20 Jahren
durchführte. 1997 erhielt ich vom damaligen Leiter die Anfrage, ob
ich ein Seminar zum Thema «Emotionale Intelligenz im Führungsalltag» konzipieren könnte. Der Grund seiner Anfrage waren mehrere
Artikel, die ich nach der Begegnung mit Daniel Goleman, der Teilnahme eines Seminars bei ihm sowie einigen späteren Rezensionen
zu Büchern von weiteren Autoren zum Thema in der Handelszeitung
publiziert hatte. Ich machte mich freudig an die Arbeit, mein Konzept
wurde angenommen und fortan führte ich jährlich zwischen zwei
bis vier zweitägige Seminare zu diesem Thema durch. Ich hielt mich
inhaltlich an die Vorgaben von Daniel Goleman, der 1995 den weg-
weisenden Bestseller «Emotionale Intelligenz – EQ» geschrieben
hatte. Seine Definition lautet: *«Emotionale Intelligenz ist die Fähig-*
keit, die eigenen Gefühle gut zu kennen, die Fähigkeit, sich selbst zu

motivieren, sowie die Kompetenz, in Beziehungen mit den eigenen Gefühlen und jenen der Mitmenschen adäquat umgehen zu können.»

Der Zusatz EQ, der als Ergänzung zum IQ (Intelligenzquotient) gemeint war, wurde oft falsch interpretiert, nämlich EQ *statt* IQ, was Goleman allerdings nie gemeint hat. In seinem Konzept, das ich übernommen habe, ging es um folgende Kompetenzen, die zu erlernen bzw. zu fördern sind:

- Selbstwahrnehmung: Wie erkenne ich mich selbst?
- Selbstmanagement: Wie führe ich mich selbst?
- Selbstmotivation: Wie motiviere ich mich selbst?
- Empathie: Wie kann ich mich besser in andere einfühlen?
- Engagement, Werte, Sinn: Wofür will ich mich wirklich einsetzen? Welche Werte sind mir wichtig? Welchen Sinn haben meine Arbeit und mein Leben?

Über theoretische Inputs, zahlreiche Einzel- und Gruppenübungen vermittelte ich den jeweils zwölf Teilnehmenden die Grundlagen der Emotionalen Intelligenz.

Auf Anfrage des Praxium-Verlags schrieb ich 2007 ein Buch über «Emotionale Intelligenz im Führungsalltag». Zum Glück konnte ich meine bereits sehr umfangreichen Seminarunterlagen dafür verwenden, und auf Bitte des Verlegers schrieb ich zu jedem Kapitel ein positives und ein negatives Fallbeispiel dazu, zum Beispiel: eine Person, die eine sehr hohe Ausprägung im Bereich des Selbstmanagements hat oder eben nicht und woran sich das zeigt. Und, weil ich zu diesem Zeitpunkt bereits mein dreijähriges Nachdiplomstudium in «Philosophie und Management» begonnen hatte, schrieb ich ebenfalls zu jedem Kapitel einen kurzen philosophischen Input. Das Buch konnte ich fortan bei all meinen Seminaren einsetzen, dies zur Freude der Teilnehmenden, denn sie schätzten es sehr, statt eines dicken Ordners ein handliches Buch in den Händen zu halten.

Ein weiteres Seminar im Auftrag des BWI war «Kommunikation in Führung und Alltag – klar und zielgerichtet». Es handelte sich um ein Basisseminar mit dem bekannten Sender-Empfänger-Modell (gesendete Botschaft ist nicht gleich empfangene Botschaft), den vier Seiten einer Nachricht nach Schulz von Thun, die Kunst des Feedbackgebens (Lob und Kritik), aktives Zuhören bis hin zur Einführung in die Harvardverhandlungsmethode. Auch hier spielte – neben dem theoretischen Input – das Üben zu konkreten Themen aus dem eigenen Berufsalltag eine grosse Rolle.

Beide Seminare haben sich im Laufe der 20 Jahre in Bezug auf die Übungen immer wieder leicht verändert, doch in den Grundsätzen blieben sie ein Dauerbrenner, denn sie waren Teil des BWI-Führungsprogramms, das sich an jüngere und angehende Kader richtete. Mir machte die Leitung der Seminare trotz der häufigen Wiederholungen immer viel Spass. Sie fanden jeweils in schönen Hotels statt, in denen sich die Teilnehmenden – fern von ihrem Arbeitsplatz – ganz auf die Thematik konzentrieren konnten. In den Pausen und während der Mahlzeiten kam es zu spannenden Gesprächen mit all den Menschen aus verschiedensten Firmen und Non-Profit-Organisationen. Die tollen Feedbacks waren für mich immer wieder eine Motivation, so lange dranzubleiben.

Seminare für Erwerbslose und Outplacement

Über all die Jahre arbeitete ich regelmässig im Bereich Outplacement und leitete Seminare für Erwerbslose. An mein allererstes Seminar im Auftrag der «WEFA - Wege für arbeitsuchende Frauen» im Jahr 1996 erinnere ich mich bis heute. Es ging um jüngere und ältere Frauen, die bereits vor Monaten ihre Arbeit verloren hatten. Die Mehrheit hatte keine oder nur eine veraltete berufliche Grundbildung. Mein Anteil am Gesamtseminar (das mehrere Wochen dauerte) war ein dreitägiges Seminar zum Thema «Zielfindung». Ich war vom Zustand der Frauen erschüttert, die sich kaum mehr etwas zutrauten und dachten, überhaupt keine Kompetenzen zu haben. Die sonst übliche kreativen Übungen zur Zielformulierung, die bei gut ausgebildeten Menschen beliebt sind, funktionierten hier nicht. Fragen wie: Was möchtest du gern tun? Was tust du gern? Was kannst du gut? Wofür möchtest du dich einsetzen? Was würde dir Spass machen? Kennst du jemanden mit einem Beruf, der dir auch gefallen würde? usw. fruchteten nicht.

Ich erinnere mich vor allem an eine junge Frau, die während einer Schreibübung eine kurze Geschichte über einen kleinen Hund schrieb, der in einer Grossstadt ausgesetzt und von einer Familie aufgenommen wurde, die ihn jedoch jahrelang schlecht behandelte. Ich hatte den Eindruck, dass es ihre eigene trostlose Geschichte war. Doch gerade die Fähigkeit, sozusagen in Form einer Metapher das eigene Leben darzustellen, zeigte mir, wie viel in ihr steckte, und es stimmte mich zuversichtlich, dass sie – mithilfe eines professionellen Coachings über längere Zeit – irgendwann ihren Weg finden würde.

Die Arbeit zu verlieren, bedeutet für die Mehrheit der Menschen – egal, ob schlecht oder sehr gut qualifiziert – zuerst einmal eine Schmach. Im Outplacement sind es Führungspersonen, die – einerseits aus Gründen der Umstrukturierung, anderseits wegen nicht (mehr) ausreichender Kompetenz für eine bestimmte Funktion – ihre Stelle verlieren. In einigen Unternehmen wird ihnen eine Begleitung empfohlen und bezahlt, die ihnen über die schwierige Zeit hinweghilft. Angefangen bei der Standortbestimmung, der Klärung über die eigenen Kompetenzen, der Interessen und der Bereitschaft, sich zu verändern, der konkreten Zielfindung für die nächste Lebensphase bis hin zum Schreiben eines aktuellen Lebenslaufs, dem Formulieren eines Bewerbungsbriefes und schliesslich dem Einüben eines Vorstellungsgesprächs gibt diesen Personen wieder Boden unter den Füssen. Ich habe viele Männer erlebt, die über 20 Jahre oder fast ihr ganzes Leben in derselben Firma (aus ihrer Sicht) ihr Bestes gegeben und nie daran gezweifelt haben, ihre Stelle und Position bis zur Pensionierung behalten zu können.

Die Begleitung erfolgte zum grössten Teil in Einzelgesprächen und parallel dazu in Tagesseminaren, in denen in Gruppen von fünf bis maximal zehn Personen die Grundlagen der Stellensuche erarbeitet wurden. Die Teilnehmenden mochten diese Seminare, weil sie sich mit anderen austauschen konnten und oft zum ersten Mal verstanden, dass sie mit ihrem Schicksal nicht allein sind. Es ist ein grosser Unterschied, ob jemand aufgrund einer Umstrukturierung, Fusion oder Verschiebung der Abteilung ins Ausland seine Stellung verliert oder die Person – ohne die Situation zu beschönigen – schlichtweg nicht mehr genügt. In diesem Fall sehe ich eine grosse Verantwortung bei den Vorgesetzten, die ihre Führungsaufgaben nicht ausreichend wahrgenommen haben, zum Beispiel, indem sie der Person kein regelmässiges kritisch-konstruktives Feedback gegeben, zu keiner Weiterbildung motiviert und auch keine Versetzung vorgeschlagen haben. Ich sage dies, weil wir im Outplacement immer wieder Rückmeldungen von Personen erhielten, die in ihrer neuen Stelle völlig glücklich waren, weil sie dort ihre vorhandenen Kompetenzen viel besser einsetzen konnten. Einige sagten wörtlich: «Die Kündigung hätte schon vor Jahren erfolgen sollen, das wäre für beide Seiten viel besser gewesen.»

Die grösste Welle von Entlassungen von mehrheitlich noch jüngeren Personen (bis etwa 40 Jahre) gab es während der Finanzkrise in den Jahren 2008/2009, primär aus Banken, aber nicht nur. Diesen Leuten wurde kein Outplacement gewährt, oft kam es vor, dass sie anlässlich der Kündigung ihren Arbeitsplatz von einer Minute auf die andere verlassen mussten, ihre persönlichen Gegenstände nur unter Begleitung eines Securitas vom Arbeitsplatz holen und sich kaum von ihren nächsten Kolleg*innen verabschieden durften. Danach waren sie für die restliche Dauer ihres Arbeitsvertrags zwar noch bezahlt, doch per sofort freigestellt und durften die Bank oder Firma nicht mehr betreten.

Ich weiss nicht, wie oft ich die Aussage hörte: «Ich wurde wie ein Verbrecher behandelt, ungeachtet dessen, dass ich mir in zig Jahren nie etwas zuschulden kommen lassen habe!» Diese grobe Form der Entlassung war für viele oft schlimmer als die Entlassung selbst. Ich konnte mir dieses respektlose Verhalten zuerst auch nicht erklären. Nachfragen bei diversen Personalmanagern ergaben, dass sowohl Banken als auch andere Grossfirmen Angst vor Sabotage hatten, zum Beispiel mit einer massiven Störung des Informatiksystems, was angesichts der hohen Emotionalität einzelner Personen nicht völlig auszuschliessen war.

Noch während der Zeit der Freistellung begann unmittelbar der Gang zum Regionalen Arbeitsvermittlungszentrum (RAV). Das war notwendig, damit die Zahlung des Arbeitslosengeldes nach Abschluss der Kündigungsfrist sofort einsetzen konnte. Spezialisierte Anbieter führten im Auftrag eines RAV zehntägige Bewerbungstrainings in Gruppen zu je zehn Personen auf verschiedenen Stufen durch. Im Auftrag eines solchen Anbieters leitete ich in den Jahren 2008–2010 zahlreiche Kaderkurse, was sehr anspruchsvoll, doch gerade wegen der Verschiedenheit der Teilnehmenden sehr spannend war.

In den ersten Kurstagen – sie waren über mehrere Wochen verteilt – hatten die Teilnehmenden grosse Mühe, sich mit ihrem Schicksal abzufinden. Viele hatten sich in den Vorjahren der Finanzkrise auf die Banken eingelassen, die Hunderte von Menschen einstellten und sie in einer Schnellbleiche zu Anlageberatern ausbildeten. Darunter waren Naturwissenschaftler, Ingenieure, Techniker (zu 90 % Männer), die sich vom schnellen Geld der Banken blenden liessen. Ich denke an zahlreiche Hochschulabgänger aus anspruchsvollen Berufen, die sich unglaublich schwertaten, wieder in ihren früher erlernten Beruf zurückzukehren, weil der Verdienst bei einer Bank so unglaublich viel höher war als in allen anderen Branchen. Eine Standortbestimmung und ehrliche Reflexion über das Geschehene fiel ihnen schwer, und viele hatten Mühe, aus der Opferrolle hinauszutreten und sich für die Zukunft zu öffnen. Bei der Thematik «Zielfindung» wollten viele nichts lieber, als möglichst rasch zu einer Bank zurückkehren, obwohl sie genau wussten, dass es zu diesem Zeitpunkt unmöglich war.

Dennoch war die Mehrheit der Kursteilnehmenden für das Bewerbungstraining und die persönlichen Gespräche dankbar. Gegen Ende des Kurses waren einige bereit, sich mit der Vergangenheit auseinanderzusetzen und loszulassen. Sie begannen, sich auf ihre Stärken und früher erworbenen Kompetenzen zu besinnen und sich für neue Wege zu öffnen, sei es im früher erlernten Beruf oder mit einer Ausrichtung auf etwas völlig Neues in einer anderen Branche, manchmal etwas, das sie vielleicht schon als Kind einmal tun wollten.

An das für mich unverständliche Verhalten eines sehr uneinsichtigen jungen Mannes von 22 Jahren erinnere ich mich lebhaft, nennen wir ihn Z. Er war frisch verheiratet, hatte ein Baby, lebte mit seiner Familie in einer grosszügigen Wohnung und hatte wenige Monate zuvor ein Auto von über 100'000 Franken auf Raten gekauft. Als es bei der Erstellung des Budgets (80 % des vorherigen Lohnes) um die Überlegung ging, auf welche Ausgaben er am ehesten verzichten könnte, war das Auto kein Thema. Er war zu 100 % davon überzeugt, in Kürze einen neuen Bankenjob zu bekommen, und dies, obwohl sein Bewerbungsdossier ein Desaster war: Er schlechteste Noten in Zeugnissen, einen miserablen Lehrabschluss und seine Bewerbungsbriefe waren voller Fehler. Z war derart von sich selbst überzeugt, dass er es auch nicht für nötig hielt, die Zeit der Arbeitslosigkeit für eine sorgfältige Überarbeitung seines Dossiers zu nutzen. Ich habe keine Ahnung, was aus ihm geworden ist.

In positiver Erinnerung geblieben ist mir – unter vielen anderen – A, ein Chemiker, der sich beharrlich in der Chemiebranche bewarb und trotz zahlreicher Absagen nicht aufgab. Schliesslich erhielt er in einem für ihn sehr spannenden Betrieb die Chance, in einem Bereich unter seinem früheren Niveau einzusteigen, mit der Aussicht, bei Eignung bald aufsteigen zu können. Er akzeptierte das zu Beginn sehr viel niedrigere Lohnniveau und zeigte offenbar so viel Engagement, dass er immer mehr Verantwortung in anspruchsvollen Bereichen übernehmen konnte und schliesslich auch wieder eine Führungsposition erhielt. Er hatte sich ganz auf das Prinzip eingelassen, das auf Französisch so viel schöner klingt als auf Deutsch: «Il faut reculer pour mieux avancer.» Ich freute mich jedes Mal, wenn er mir – noch einige Zeit nach dem Kaderkurs – eine Nachricht über seine berufliche Karriere schickte.

Ich habe in den verschiedensten Bereichen, in denen ich tätig war, immer wieder die Erfahrung gemacht, dass Menschen aus einer Krise lernen können, allerdings nur dann, wenn sie es wirklich wollen. Der deutsche Philosoph Friedrich Nietzsche soll einmal gesagt haben: «Leiden ist leichter als handeln.» Diesen Satz diskutierte ich oft mit den Teilnehmenden im Seminar «Emotionale Intelligenz». In der Tat ist es so, dass viele Menschen jahrelang über ihren Job und/oder ihren Partner bzw. ihre Partnerin jammern und sich beklagen, ohne aktiv etwas zu unternehmen, um die Situation zu verändern. Oft braucht es den Kick einer kleinen oder grösseren Krise, die sie zum Handeln zwingt. So ging es auch Entlassenen, von denen viele nach überstandener Krise und gelungenem Neustart viel glücklicher waren als zuvor.

Über mein viertes Standbein «Berufsbildung für Erwachsene» schreibe ich im folgenden Kapitel, weil es sich nicht um eine Arbeit im Alleingang handelt, sondern um eine Zusammenarbeit mit meinem Partner.

Sonnen- und Schattenseiten der Selbständigkeit

In der Zeit meiner Selbständigkeit gab es schwierige und erfolgreiche Jahre. In schwierigen Zeiten, zum Beispiel 2004, habe ich mich mehrmals um eine Stelle als angestellte Organisationsentwicklerin beworben, doch meine Slalomkarriere ist nicht jedermanns Sache, und Menschen mit dem Makel 50+ haben es bekanntlich nicht leicht, angestellt zu werden. Meine Arbeitszeugnisse sowie die Zertifikate und Diplome der diversen Aus- und Weiterbildungen füllten einen Ordner, dennoch stellte ich immer wieder fest, dass all diese Papiere nicht gleich gewertet werden, wie eine schnurgerade Karriere mit Matura und Lizentiat bzw. Bachelor und Master. Permanente Weiterbildung wird zwar immer gepredigt, in der Anerkennung hapert es indes beträchtlich. Genau das erlebten auch die vielen Personen in den Kursen für Stellensuchende. Von den weit über hundert Personen, die ich betreute, stellte ich immer wieder fest: Durchschnittspersonen mit schnurgeradem Werdegang, ohne ausgeprägte Persönlichkeitsprofile haben es oft einfacher, wieder eine Stelle zu finden, als jene, die in ihrem Leben viel ausprobiert haben.

Die Tatsache, mit meinen oben erwähnten Lieblingsaktivitäten nicht immer zu 100 Prozent ausgelastet zu sein (zum Teil wegen meiner absoluten Unfähigkeit, in eigener Sache zu akquirieren), hatte den Vorteil, dass ich mir meinen Kindheitstraum endlich erfüllen konnte. Als im Jahr 2003 an der Universität Luzern der Nachdiplomkurs «Philosophie und Management» ausgeschrieben wurde, meldete ich mich sofort an und wurde aufgenommen. Der Nachdiplomkurs wurde nach zwei Jahren zum Nachdiplomstudium und endete nach dem dritten Jahr mit einem Diplom, das einem «MAS in Philosophy & Management» entsprach. Das Schreiben der Semesterarbeiten und der Diplomarbeit bereiteten mir viel Vergnügen, endlich konnte ich der Philosophie frönen, was ich doch schon im Alter von 18 Jahren hätte tun wollen.

Zwanzig Jahre Selbständigkeit sind eine lange Phase, es ist unmöglich, auf alle meine Aktivitäten einzugehen. Dennoch erwähne ich abschliessend einige ehrenamtliche Einsätze, die mich während mehrerer Jahre beschäftigt haben: Von 2009 bis 2015 war ich Präsidentin der Kulturellen Kommission des Quartiervereins Zürich-Altstetten; im gleichen Zeitraum war ich Stiftungsrätin beim Projekt «work4you» (Arbeitsintegration für junge Leute); für den Berufsverband DSO (Berufsverband für Supervision, Organisationsentwicklung und Coaching) und den BPW (Business Professional Women) redigierte ich je während mehrerer Jahre das Verbandsbulletin. Es gab ein paar weitere ehrenamtliche Engagements, doch diese liegen lange zurück.

Und der Einsatz für die im folgenden Kapitel geleistete Arbeit für die Initiative «Zweite Chance» war bei weitem nicht zu Marktpreisen bezahlt. Im Durchschnitt entfielen 20 % einer 40-Stunden-Woche auf ehrenamtliche Arbeit, also auf einen Tag pro Woche.

Sämtliche Aus- und Weiterbildungen habe ich seit dem 18. Lebensjahr auf eigene Kosten absolviert, zum Teil bei 100 % Erwerbstätigkeit, zum Teil in Arbeitspensen zwischen 60 und 80 %. Kein Wunder, dass ich in finanzieller Hinsicht nicht weit kam. Nur: Das soll in keiner Weise eine Klage sein. Es ist einfach so, dass es mir in zahlreichen Zielformulierungen zu den verschiedenen Berufswechseln über Jahrzehnte hinweg nie auch nur im Traum eingefallen ist, zu wünschen: «Ich will viel Geld verdienen», sondern immer nur: «Ich will eine Arbeit, die Sinn und Spass macht», und das ist mir gelungen. Ausserdem war ich neugierig, und ich hatte immer Lust, etwas Neues zu lernen. Selbst in den beruflich erfolgreichsten Jahren hatte ich nie ein Jahreseinkommen von über 100'000 Franken, im Durchschnitt waren es zwischen 60'000 und 80'000. Damit konnte ich leben, vor allem, weil ich im April 1995 dank einer Erbschaft meiner verstorbenen Eltern eine Eigentumswohnung kaufen konnte. Dank dem damaligen Tief der Immobilienpreise kostete sie nur CHF 365'000. Eine Hypothek habe ich zwar bis heute, doch wegen der niedrigen Verzinsung sind meine Wohnkosten erheblich geringer, als sie es früher in Mietwohnungen waren.

Zwei Jahre nach Aufgabe einer regelmässigen Erwerbstätigkeit staune ich, dass es mir noch nie langweilig wurde. Ich freue mich jeden Tag, mehr Zeit als je zuvor für die Partnerschaft und die Pflege des Familien- und Freundeskreises zu haben, auch mehr Zeit zum Lesen und für mein Fitnessprogramm. Und momentan (2020) ist am wichtigsten: Zeit für mein Buch, das als Projekt seit Jahren in meinem Kopf schlummert.

Bernd Isert, Forum für Metakommunikation, Berlin (NLP-Ausbildung, 1992–1995)

Begegnung mit nachhaltiger Wirkung

Als ich Bernd Isert kennenlernte, war er ein begnadeter Lehrer für neurolinguistisches Programmieren (NLP), einer Methode zur Entwicklung der Persönlichkeit und der Kommunikation, die in den 1990er Jahren als «Manipulationsinstrument» in Verruf geriet, weil schamlose Verkaufstrainer und Sektierer die überaus wirksame Methode für ihre unseriösen Zwecke nutzten. Es ist nicht auszuschliessen, dass gewisse Trainer, die eine Schnellbleiche in NLP bei irgendwelchen Leuten gemacht hatten, allein auf die Bezeichnung ‹Programmieren› aufsprangen, vielleicht sogar, ohne zu wissen, dass den NLP-Gründern John Grinder und Richard Bandler in den 1970er Jahren kein besseres Wort eingefallen und Bandler Informatiker war.

Bei Bernd Isert standen Ethik und der uneingeschränkte Respekt vor jeder Person an erster Stelle. Nie werde ich die Stimmung und die Spannung zwischen den rund 30 oder mehr Personen vergessen, als wir alle im Kreis sassen und Bernd in der Mitte des Raums eine Person – die sich freiwillig für eine Sequenz im Plenum gemeldet hatte – behutsam über ihr Problem befragte und sie schrittweise dazu führte, ihre eigenen Antworten zu finden. Er war in solchen Momenten hoch konzentriert und zu 100 Prozent auf sein Gegenüber ausgerichtet. Im Kursraum schien es, als ob alle den Atem anhielten und erst wieder ausatmeten, wenn es irgendwann zu einer Lösung gekommen war.

Bernds Grundsatz hiess: «Lösungen lauern überall» und diese Grundhaltung lebte er mit besonderer Konsequenz sowohl bei der Suche nach geeigneten Vorgehensweisen als auch bei deren Anwendung. Er glaubte nicht an einzelne Methoden, sondern daran, dass man von jeder Methode etwas lernen kann. Die Wertschätzung jedes Menschen in seiner Einzigartigkeit war für ihn zentral. Er arbeitete zu jedem Zeitpunkt ‹sehr individuell und kontextabhängig›.

In der NLP-Master-Ausbildung lernte ich von Bernd, eine respektvolle und wertschätzende Haltung gegenüber anderen Personen einzunehmen, auch dann, wenn deren Verhalten nicht in Ordnung ist. Die konsequente Trennung von Person und Verhalten, die ich später auch in Kommunikationsseminaren aus theoretischer Sicht kennenlernte, wurde von Bernd in einer selbstverständlichen Weise vorgelebt, die mich tief berührte. Bernd war ein Vorbild, das überzeugte, er spielte nie eine Rolle, sondern war immer er selbst. Allein durch sein Wirken war er uns ‹Modell› – um die Sprache des NLP zu benützen –, und in den zahlreichen weiteren Wochen, in denen ich NLP-Ausbildungen bei Bernd besuchte, übertrug sich seine Haltung zu grossen Teilen auf mich, ohne dass ich behaupten könnte, dass sie mir zu jedem Zeitpunkt gelingt.

Diese faszinierende Grundhaltung von Ethik und Respekt von Bernd mag viele Kursteilnehmer*innen inspiriert haben, selbst danach zu streben. Einige sahen in ihm ein Guru, doch genau das wollte Bernd nie sein, und er war es tatsächlich in keiner Weise, weil er sich selbst vehement dagegen wehrte, so gesehen zu werden. Bernd vertrat einen strikt lösungsfokussierten und klientenorientierten Ansatz. Nie hätte er eine Person zu Entscheidungen manipuliert, die ihrem Inneren nicht entsprochen hätten.

Bernd blieb selbst zeitlebens ein Lernender, er war neugierig genug, um alles auszuprobieren, was es auf dem riesigen Markt der Persönlichkeitsentwicklung, der Heilung, der Therapien usw. gab, um dann entscheiden zu können, was zu ihm passte. Er besass einen unglaublichen Erfahrungsschatz, aus dem er jederzeit schöpfen konnte und von dem wir als Lernende profitierten. Seinen Ansatz nannte er inzwischen «Neuro-Linguistische Prozessentwicklung (NLP-e)», denn mit seiner ethischen Grundhaltung war der Begriff des Programmierens nicht vereinbar. Er wünschte sich eine kritische Auseinandersetzung mit der eigenen Geschichte und den eigenen Werten und sah die Zukunftsfähigkeit von NLP in Abhängigkeit von dessen Fähigkeit, sich weiterzuentwickeln.

Nach der NLP-Master-Ausbildung machte ich auch die NLP-Trainer-Ausbildung sowie das erste Trainerpraktikum bei Bernd Isert und seinem Team und mit mir fast alle, die ihre NLP-Ausbildung bei Bernd begonnen hatten. Daraus entstanden Freundschaften, die zum Teil bis heute anhalten. Dies auch ohne regelmässige Kontakte, doch wenn man sich zufällig begegnet, dann ist diese ‹Lehrzeit bei Bernd› sofort wieder präsent.

Im Januar 2017 verstarb Bernd Isert sehr plötzlich und viel zu früh (im Alter von nur 66 Jahren). In der Fachzeitschrift ‹Kommunikation› erschien ein Nachruf über ihn, der mir direkt und zutiefst aus dem Herzen sprach. Ich nahm mit dem Autor des Artikels, Ludger Brüning[3], Kontakt auf. Vieles, was in seinem Text steht, hätte auch von mir stammen können, doch – im Gegensatz zu Brüning – war ich in den letzten 20 Jahren nicht mit Bernd in Kontakt geblieben und hatte seine Entwicklung nicht weiterverfolgt, was ich im Nachhinein bedauere.

Eine Passage, die im Text von Brüning für mich besonders stimmig ist, übernehme ich wörtlich: «Bernd war und blieb bis zuletzt Grenzgänger und Suchender, Brücken-bauer und Querdenker, Entwickler und Integrator, neugierig auf Neues und Anderes und auf Balance bedacht. Der Weg über die Grenze steht mit seiner Verknüpfung von Weg-von und Hin-zu und der Einbeziehung von Beteiligten und Betroffenen vielleicht stellvertretend für seine systemische Veränderungsarbeit überhaupt: Was möchtest Du verlassen? Wofür bist Du dankbar? Wo sind noch Rechnungen offen, die Du begleichen solltest, bevor Du gehst? Wo möchtest Du hin? Was erhoffst Du Dir? Was brauchst Du dazu? Was und wen wirst Du vermissen? Wer kann Dir hel-fen? Oder wie Bernd es bildlich zusammenfasste: Wenn Du an die Grenzkontrolle kommst, hast Du genug Liebe, Ordnung und Erkenntnis dabei?»

All diese Fragen zeigen, wie sehr es in dem von Bernd gelehrten NLP um Selbst-verantwortung geht und um die bewusste Gestaltung des eigenen Lebens. All diese Fragen kann eine Person nur für sich selbst beantworten. Dazu kann sie sich zwar helfen lassen, doch ein Coach, eine Beraterin hat in diesem Fall ausschliesslich die Aufgabe, den Prozess eines Individuums zu unterstützen, und darf auf keinen Fall manipulieren.

---

3   https://european-coaching-association.de

Berufsabschluss für Erwachsene

Die Initiative «Zweite Chance»

«Die Schweizer Wirtschaft verfügt über ein Heer von gut ausgebildeten Leuten» – eine Aussage, die oft zu hören ist, doch stimmt sie wirklich?

Tatsache ist: Gemäss Bundesamt für Statistik (BfS) verfügten 2011 von den Personen im Alter zwischen 25 und 64 Jahren 14,2 % über keinen Abschluss einer Ausbildung auf Sekundarstufe II, das heisst, sie haben weder einen Berufsabschluss noch eine Matura absolviert. Das sind 627'000 Einwohner und Einwohnerinnen der Schweiz. Unter den Personen im Alter von 25 bis 34 Jahren sind schweizweit 11,1 % ohne Abschluss, das entspricht 116'000 Personen, nach Geschlecht: 53'000 Männer und 63'000 Frauen. Nicht mitgezählt sind hier Tausende von Menschen, die zwar als Jugendliche eine Lehre absolviert haben, allerdings für Berufe, die es heute nicht mehr gibt. Ein grosser Teil dieser Menschen zählt heute zu den sogenannten «working poor», sie gelten als Ungelernte und haben keine Chance, beruflich jemals auf einen grünen Zweig zu kommen, sie verlieren häufiger ihre Stelle und werden öfter von Sozialhilfe abhängig.

Warum diese Ungerechtigkeit? Wer als erwachsene Person eine Matura nachholen will, besucht (in der Regel) berufsbegleitend eine Maturitätsschule für Erwachsene und bekommt vom Umfeld viel Anerkennung. Doch wer als erwachsene Person zwar im Erwerbsleben steht und einen Berufsabschluss nachholen will, weil er oder sie sonst nicht weiterkommt, stösst auf eine ganze Reihe von Hindernissen verschiedenster Art und erhält nicht unbedingt Anerkennung, geschweige denn Unterstützung. Die Gründe, weshalb eine Person es nicht geschafft hat, frühzeitig einen Berufsabschluss zu erwerben, sind vielfältig und in der Regel nachvollziehbar.

Mein viertes Standbein

Ausgehend von den oben erwähnten Zahlen lancierte mein Lebenspartner 2011 die Initiative «Zweite Chance» und bat mich, ihn dabei zu
unterstützen, was ich tat. Diese Mitarbeit wurde zu meinem vierten
Standbein, und es gab viel zu tun. Für mich war die Thematik neu,
während er sich als Betriebsingenieur ETH seit seiner Dissertation
bereits seit Jahrzehnten für die Berufsbildung auf allen Stufen eingesetzt hatte. Dass die Anzahl von Ungelernten in der Schweiz derart
hoch ist, hat selbst ihn überrascht.

Es ging zu Beginn unserer Zusammenarbeit als erstes um das Sammeln von Fakten, Zahlen und das Erforschen, ob die verschiedenen
Kantone überhaupt und, wenn ja, wie mit diesem Missstand umgehen. Überall zeigte sich das gleiche Bild: Bis ins Alter von 25 Jahren
gab und gibt es in praktisch allen Kantonen Brückenangebote für
junge Erwachsene, die den Einstieg in die Berufslehre nicht auf Anhieb geschafft haben. Doch sobald jemand den 25. Geburtstag überschritten hat, verliert er oder sie die Chance, den Berufsabschluss
nachzuholen.

Unser erstes grosses gemeinsames Projekt war eine Studie im Auftrag des Kantons Basel-Stadt zum Thema: «Unterstützungsbedarf zur
beruflichen Nachholbildung im Kanton Basel-Stadt». Die dort ermit-
telten Fakten, Zahlen und das Resultat, dass ganz eindeutig Bedarf
besteht, bewog uns dazu, auf eigene Faust (also ohne bezahlten Auftrag) im Kanton Zürich und anderen Kantonen weiter zu recherchieren
und uns über den aktuellen Stand der beruflichen Nachholbildung zu
erkundigen. Unsere gesammelten Erkenntnisse flossen in einen umfassenden Bericht für den Bund ein. Die Verwaltung hat sich jedoch
auf einen Teilaspekt konzentriert, und zwar die Ankerkennung von
informell erworbenen Kompetenzen durch das Validierungsverfahren
und nicht auf den Erwerb von Kompetenzen durch Erwachsene.

Stipendium statt Sozialhilfe

Allein der Kanton Waadt hat sein gut funktionierendes Programm für junge Erwachsene FORJAD (formation professionelle pour jeunes adultes) bereits seit 2012 unter der Bezeichnung FORMAD (formation professionelle pour adultes) auf Personen zwischen 26 und 40 Jahren ausgedehnt. Die Besonderheiten dieser Programme sind: Die Teilnehmenden werden von Beginn an, also sobald sie sich bei der Sozialhilfe melden, und bis zum Abschluss gecoacht, sie werden bei der Suche nach einem Lehrbetrieb, später beim Einstieg auf dem ersten Arbeitsmarkt und darüber hinaus für weitere drei Monate unterstützt. Und, der ganz besondere Vorteil: Die jungen und älteren Frauen und Männer sind während der Teilnahme an diesem Programm nicht mehr von der Sozialhilfe abhängig, sondern werden als Lernende über den Stipendienfonds des Kantons finanziert.

Emil Wettstein erhielt 2013 den Bildungspreis des Pestalozzianum, Stiftung für Bildung, Schule und Dialog, der ihm anlässlich des Hochschultags an der PH Zürich von Jurypräsident Jürgen Oelkers ausgehändigt wurde, dies «in Anerkennung seines kontinuierlichen Engagements, seiner Innovationskraft und seiner verdienstvollen Impulse für die schweizerische Berufsbildungslandschaft». Dank des Einsatzes des damaligen Rektors der PH Zürich, Walter Bircher, entstand daraus eine fruchtbare Zusammenarbeit zwischen dem zuständigen Professor für Berufspädagogik, Markus Maurer und unserer Initiative «Zweite Chance».

In den Folgejahren organisierten wir pro Jahr sechs Veranstaltungen, um die Thematik «Berufsbildung für Erwachsene» (BBfErw) in Theorie und Praxis umfassend aufzuzeigen. Als Referierende luden wir Zuständige des Staatssekretariat für Bildung, Forschung und Innovation (SBFI), der kantonalen Berufsbildungsämter, der Berufsfachschulen, Berufsberatende und weitere Berufsbildungsexperten ein. Rasch hat der Kanton Basel-Stadt gehandelt, der als einziger Kanton bereits im Jahr 2014 unter der Bezeichnung «ENTER» ein ähnliches Programm wie FORMAD lancierte. Heute bieten fast alle Kantone über 25-Jährigen in irgendeiner Form die Möglichkeit, einen Berufsabschluss nachzuholen, doch es gibt weiterhin viel zu tun.

Detaillierte Ausführungen zur gesamten Thematik haben Markus Maurer, Emil Wettstein und ich im Buch «Berufsabschluss für Erwachsene in der Schweiz – Bestandesaufnahme und Blick nach vorn» beschrieben. Erwähnt werden insbesondere konkrete Massnahmen auf allen Ebenen, die zu mehr Abschlüssen von Erwachsenen führen können. Das Buch erschien 2016 im h.e.p.-Verlag und richtet sich vor allem an Fachpersonen.

Im Sommer 2018 lancierte das SBFI eine Kommunikationsoffensive, um die Bekanntheit des Berufsabschlusses für Erwachsene in der gesamten Bevölkerung zu erhöhen. «Diese soll nicht nur interessierte Erwachsene ansprechen, sondern will auch Arbeitgebende und Beratungsstellen für das Thema sensibilisieren und sie mobilisieren.» Zum Zeitpunkt, zu dem ich dieses Buch schreibe, sind noch keine Ergebnisse bekannt. Es besteht die Gefahr, dass die konsequente Umsetzung der BBfErw vonseiten des Bundes – diesmal wegen der Corona-Krise – einmal mehr verschoben wird.

Dabei ist die Thematik keineswegs neu. *«Das Zürcher Gesetz über das Handwerkswesen aus dem Jahr 1832 (!) erwähnt Personen, die [...] vor einer Prüfungskommission eine ‹Gesellenprobe› absolvieren und so den Lehrbrief erlangen»* (aus «Berufsbildung» E. Wettstein, 2020). In den letzten Jahren erwarben schweizweit durchschnittlich 6000–9000 Erwachsene im Alter von über 25 Jahren einen Berufsabschluss in einer der vier Varianten, mehrheitlich – 2018 waren es gemäss BfS 4270 Personen – in Form der regulären beruflichen Grundbildung, was bedeutet, indem sie die Berufsfachschule gemeinsam mit den Jugendlichen besuchen, nur einen Lehrlingslohn beziehen und ansonsten selbst schauen müssen, wie sie sich und ihre Familie in diesen drei Jahren finanziell über die Runden bringen. Das oben erwähnte Validierungsverfahren wählten nur 700 Personen. Es eignet sich ausschliesslich für Leute, deren berufliches Kompetenz-profil sich bereits auf einem hohen Niveau befindet.

BBfErw gegen Fachkräftemangel und Armut

BBfErw ist ein probates Mittel zur Linderung des Fachkräftemangels, denn jede höhere Berufsbildung sowie der Einstieg ins untere Kader beginnt mit dem EFZ. Und die BBfErw gibt benachteiligten Men-schen – egal welcher Herkunft – eine zweite Chance für einen zielge-richteten Einstieg ins Berufsleben. Mit dem Pilotprojekt FORMAD hat der Kanton Waadt das Programm nach der Legislaturperiode 2012–2017 definitiv eingeführt. Laut Angaben der Behörden lohnt sich die-ses Programm trotz unvermeidlicher Probleme und hoher Kosten, weil der langfristig erzielte Nutzen – dass die Betroffenen nicht mehr von Sozialhilfe abhängig, sondern selbständig in einem Beruf tätig sind – weitaus höher gewichtet wird. Schliesslich bezeichnet die Waadtlän-der Regierung derartige Programme explizit als Massnahmen gegen die Armut. Die Argumente sind: Menschen mit einem Berufsabschluss werden seltener arbeitslos und landen seltener bei der Sozialhilfe. Zu-dem erhöhen sie ihr Selbstvertrauern und verbessern ihre Stellung in der Gesellschaft zudem werden längerfristig auch die Chancen derer Kinder beim beruflichen Einstieg erhöht.

Ähnlich sieht es der Kanton Basel-Stadt: Nach einer erfolgreich ver-laufenden Strategie zur Bekämpfung der Jugendarbeitslosigkeit seit dem Jahr 2005 lancierte der Basler Regierungsrat 2014 das dreijäh-rige Pilotprojekt «ENTER» zum Thema «Berufsabschluss für Erwach-sene aus der Sozialhilfe (Nachholbildung)» als zusätzlichen strate-gischen Schwerpunkt. Die Regierung von Basel-Stadt wollte damit Erkenntnisse darüber gewinnen, wie es gelingen kann, Menschen aus der Sozialhilfe via Ausbildung in den Arbeitsmarkt zu integrieren. Eine 2016 sehr sorgfältig durchgeführte Evaluation kam bereits nach zwei Jahren zu dem Fazit: Der Aufwand lohnt sich! Das Programm besteht weiterhin.

Abschliessend muss gesagt sein: Auch unter optimalen Bedingungen werden nicht alle Geringqualifizierte in der Lage sein, im Erwachsenenalter einen Berufsabschluss nachzuholen. Laut Schätzungen diverser Berufsbildungsexperten und Behörden sind es je nach Betrachtung zwischen 10 und 20 Prozent. In Zusammenhang mit den oben genannten Zahlen bzw. wenn man heute «nur noch» von einer halben Million Personen ohne Abschluss ausgeht, wären dies im schlechtesten Fall 50'000, im besten Fall 100'000 Personen, denen mit einer erwachsenengerechten Berufsbildung zum EFZ-Abschluss geholfen werden könnte. Allerdings sollten Programme wie FORMAD und ENTER nicht erst einsetzen, wenn sich die Leute bei der Sozialhilfe melden, sondern bereits viel früher, und zwar bei all den ‹working poor›, die aus eigener Kraft nicht weiterkommen. Unbestritten ist von allen Fachleuten im Bereich der Berufsbildung, dass die Personen in der Nachholbildung individuell und in Gruppen begleitet und unterstützt werden müssen. Dies gilt schliesslich selbst für hochqualifizierte Personen, die aus irgendwelchen Gründen ihre Stelle verloren haben. Das Outplacement wurde dazu geschaffen, Menschen in dieser Situation professionell zu begleiten.

Warum diese Thematik in meiner Autobiographie? Ich habe mich in der Zeit meiner Selbständigkeit während gut sieben Jahren mit der BBfErw beschäftigt, zeitweise ziemlich intensiv. Ich tat dies in Zusammenarbeit mit meinem Partner, und wir beide waren – trotz unseren vollkommen verschiedenen Werdegängen – immer bestrebt, etwas Sinnvolles für die Gemeinschaft zu tun. Schön wäre, wenn sich die Anzahl der Geringqualifizierten dank konsequenter Massnahmen von Bund und Kantonen jedes Jahr um einige Tausend verringern würde.

Wertvolle, lang anhaltende Freundschaften

Was ist Freundschaft?

Wann ist eine Freundschaft eine wirkliche Freundschaft? Eine Beziehung, die idealerweise über Jahre, Jahrzehnte hält, eine, die Höhen und Tiefen erlebt, ohne dass die solide Vertrauensbasis jemals zerstört wird? Und was sind die Kriterien, damit aus einer Kameradin, einem guten Kollegen, einem Bekannten, einer Nachbarin usw. ein Freund, eine Freundin wird?

Ist es eine spontane Zuneigung, das Gefühl einer Seelenverwandtschaft, gemeinsame Erfahrungen, Interessen und Ziele? Oder von allem etwas?

Eltern und Geschwister bleiben ein Leben lang Eltern und Geschwister, auch Tanten, Onkel, Cousinen und Cousins, Nichten und Neffen. Möglich, dass aus Verwandtenbeziehungen Freundschaften entstehen, dennoch ist es aus meiner Sicht eine andere Verbindung, nicht weniger herzlich, doch der familiäre Aspekt bleibt im Vordergrund. Vielleicht ist es eine Glücksache, manchmal auch etwas Beziehungsarbeit, wenn man die Kontakte mit Familienmitgliedern und/oder Verwandten bis ins hohe Alter pflegt, und dies nicht etwa als Pflichtübung, sondern, weil man sich mag. Angesichts der hohen Anzahl der Mitglieder meiner Familie hätte ich genügend Stoff für eine Familiensaga, doch dafür fehlt mir das schriftstellerische Talent.

Familienbeziehungen sind vorgegeben; eine Freundschaft ist eine Wahl, sie ergibt sich nicht von einem Tag auf den anderen, sie entwickelt sich über einen bestimmten Zeitraum, sie dauert an UND: Sie kann beendet werden. Im Gegensatz zum Lebens/Liebespartner können mehrere Freundschaften gleichzeitig bestehen, ohne dass dies zu Eifersucht führt. Ich habe langjährige Freundschaften mit Männern erlebt, ohne dass sich daraus eine Liebesbeziehung ergeben hätte, u. a. weil der Mann homosexuell oder in eine andere

Frau verliebt war und mit ihr eine Beziehung lebte, wenn auch auf räumlicher Distanz.

Freundschaften gaben und geben mir viel, ich habe einige davon im Mosaikstein Tourismus erwähnt, insbesondere Roos aus den Niederlanden (seit 1973). Ganz besonders hervorheben will ich zwei weitere jahrzehntelange Freundschaften, und zwar die Freundschaften zu Irmgard – die mich, als wir 1982 beide unsere Maturitätsschule bei der Akad mit einem Teilzeitpensum bei der SKA finanzierten, anlässlich eines Tiefpunkts mit Chemieaufgaben unterstützt hat. Sie wurde später Juristin, Anwältin, Mediatorin, Ehefrau und Mutter von zwei Kindern – und zu Gertrud, mit der mich 1994 zuerst ein Auftrag für eine gemeinsame Studie über die Situation von Kaderfrauen in KMU verband, als ich Redaktorin bei der Handelszeitung war. Danach vermittelte sie mir den Kontakt zum Leiter des damaligen BWI (Betriebswissenschaftliches Institut der ETH Zürich). Aus diesem Erstgespräch entstand eine 20-jährige Seminartätigkeit im Auftragsverhältnis. Irmgard und Gertrud sind bis heute beste Freundinnen für mich geblieben, und die regelmässigen Begegnungen mit ihnen sind mir ausserordentlich wichtig.

Einige weitere gute Freund*innen, Kamerad*innen sowie gute Kolleg*innen will ich wenigstens namentlich erwähnen, sei es, weil sie mir früher wichtig waren und wir uns dennoch aus den Augen verloren haben, andere, mit denen ich über Jahrzehnte zumindest über mein traditionelles Neujahrsrundschreiben in Kontakt geblieben bin. Ich tue dies bewusst in alphabetischer Reihenfolge und mit den realen Vornamen, und ich benenne ausschliessliche real existierende Personen, keine virtuellen und auch keine Familienmitglieder. Ich bin – sehr bewusst – nicht auf Facebook.

Es sind dies Agnes, Annelies (2x), Anita (2x), Barbara (4x), Beatrice, Bernard, Bernardo, Bernd, Carla, Christian, Claude, Claudia, David, Désirée, Diego, Dominique, Edith, Elisabeth, Ellen, Esther, Franco, Franz, Friedemann, Gertrud, Guido, HanneLore, Hans, Hanspeter,

Herbert, Ingeborg, Irène, Irene, Irmgard (2x), Jikkie, José-Carlos, Karl, Kurt (2x), Lisa, Liz, Louis, Lotti, Mabel, Manfred, Marianne (2x), Martin, Matthias, Monica, Monika, Patrick, Peter (2x), Pia, Pierre, Pius, Priska, Regula (3x), René, Reto, Rita, Roos, Rosmarie, Ruth (2x), Sam, Sergio, Silvia, Simona, Surin, Tugrul, Urs (2x), Ulrike, Ursina, Ursula, Vick, Victor und Werner. Und wenn nun eine Leserin, ein Leser das Gefühl hat, er oder sie hätte eigentlich auch in dieser Liste erwähnt werden sollen, dann bitte ich dich aus tiefem Herzen, mir meine Vergesslichkeit zu verzeihen.

Euch allen danke ich für die guten Zeiten – ob kurz oder lang –, die ich mit jeder einzelnen Person zu verschiedenen Zeiten und in verschiedenen Ländern verbringen durfte. Ich verzichte auf die Beschreibung dieser Beziehungen, genauso wie ich auf die Berichte meiner unzähligen Reisen, allein und mit meinem Lebenspartner verzichte, weil dieses Material ein zweites Buch füllen würde.

Zum Abschluss dieses «Mosaiksteins» will ich die zu Beginn gestellte Frage, was denn Freundschaft genau bedeutet, mit einem Blick auf die Philosophie zumindest teilweise beantworten. Zuerst eine Definition: «Freundschaft bezeichnet ein auf gegenseitiger Zuneigung beruhendes Verhältnis von Menschen zueinander, das sich durch Sympathie und Vertrauen auszeichnet. Eine in einer freundschaftlichen Beziehung stehende Person heißt Freund oder Freundin. Freundschaften haben eine herausragende Bedeutung für Menschen und Gesellschaften.»[4]

Die Thematik wurde über Jahrtausende von zahlreichen Philosophen behandelt, doch der erste war mit grösster Wahrscheinlichkeit der griechische Philosoph Aristoteles (*384 vor Christus), der sich in seiner Nikomachischen Ethik ausführlich zum Thema Freundschaft äussert. Er unterteilt Freundschaft in Nutzen-, Lust- und Tugendfreundschaft. Die Nutzenfreundschaft bringt die Menschen zu einem

---

4   zitiert nach Wikipedia auf https://de.wikipedia.org/wiki/Freundschaft

Zweck zusammen. Fällt dieser Zweck weg, ist die Freundschaft gefährdet. Ähnliches gilt laut Aristoteles für die Lustfreundschaft, die rein affektiv begründet ist. (...) Stabil ist allein die Tugend- oder Charakterfreundschaft. Sie ist die Freundschaft um des Freundes willen. (...). Sind sich zwei Personen in ihrer Tugendhaftigkeit ähnlich, so ist das die Voraussetzung für die vollkommene Freundschaft. Die Teilhabe am Leben des Freundes und damit die räumliche Nähe sind nach Aristoteles für eine Freundschaft unerlässlich.

Was meine wichtigsten Freundschaften anbelangt, so haben einige davon vermutlich mit einem Nutzen- und/oder Lustaspekt begonnen. Danach erfüllten sie rasch die Bedingungen der Tugend- und Charakterfreundschaft, was sich u. a. in ihrer jahrzehntelangen Dauer widerspiegelt. Auch Briefe, Telefonate und Skypekontakte schaffen eine Art räumliche Nähe. Anstelle des aristotelischen Begriffs ‹Tugend› spreche ich allerdings lieber von ‹Werten› und politischer Gesinnung, denn diese geben der Freundschaft zusätzlich zur affektiven Zuneigung eine solide Basis.

Peter Häcki: An Aids erkrankt und jung verstorben

Ein früh abgebrochenes Leben

Ich schreibe diesen Text in Briefform, weil ich den Eindruck habe, diesem schwierigen Thema am ehesten gerecht zu werden.

«Lieber Peter

Der heutige «Welt-Aids-Tag» (01.12.2017) erinnert mich beim morgendlichen Radiohören auf dem Westschweizer Sender «La Première» unwiderruflich an dich. Du bist vor ziemlich genau 30 Jahren verstorben. Wegen der unerträglichen Folgen von Aids hast du im Herbst 1987 beschlossen, deinem Leiden mithilfe einer Sterbehilfeorganisation ein Ende zu setzen. Ursprünglich hattest du bis zum Frühling warten wollen, doch die Krankheit schritt unerbittlich fort, und du wolltest selbst entscheiden, wann es genug sein würde.

Ich denke zurück, als wir uns zum ersten Mal begegnet sind, nämlich 1978 am Flughafen Bangkok. Du hast für eine andere schweizerische Reiseorganisation gearbeitet als ich, doch wir begegneten uns regelmässig am Flughafen oder auf Ausflügen und bald waren wir befreundet. Du sahst unverschämt gut aus, warst interessant, stets freundlich, galant und hilfsbereit und viele Reiseleiterinnen verliebten sich in dich, bis du uns eines Tages deinen Lebenspartner Philippe vorgestellt hast. Philippe, ein gut aussehender Australier, wohnte mit dir zusammen in einer kleinen Wohnung in Bangkok, was etwas unüblich war, zumal Tourismusvertreter*innen meistens in Hotels wohnen mussten, selbst, wenn wir ein halbes Jahr oder länger in einem Land arbeiteten.

Ich weiss nicht mehr, wie es dazu kam, doch ich erinnere mich an einen Abend, als du mich und meine Schwester (die zufällig bei mir in Bangkok auf Besuch war) zu einem Abendessen bei dir und Philippe eingeladen hast. Deine Haushälterin kochte uns ein phantastisches thailändisches Mahl, von dem wir noch lange schwärmten. Wir blieben in lockerem Kontakt.

Im Dezember 1978 reiste ich in die Schweiz zurück, und ab 1980 führte ich in Zürich am Bellevue ein kleines Reisebüro. Eines Tages spazierte ich in der Mittagspause

an der Seepromenade und zu meiner sehr grossen Überraschung liefen wir uns über
den Weg. Du erzähltest mir, dass du vor wenigen Tagen aus Bangkok zurückgekehrt
seist und noch keine Unterkunft habest. In meiner damaligen oft recht unbedachten
Spontaneität bot ich dir sofort mein Gästezimmer an. Wir vereinbarten, dass du am
selben Abend um 19:00 Uhr in meine Wohnung kommen würdest.

Punkt 19:00 Uhr klingelte es bei mir. Als ich öffnete, stockte mir für einen Moment
der Atem: Vor der Tür standest nicht nur du, sondern auch dein Partner Philippe.
Was nun??? In meinem Kopf arbeitete es fieberhaft: Sollte ich ja oder nein sagen? Ich
hatte vor allem Angst, dass die gestrenge Vermieterin, die im selben Haus wohnte,
uns alle drei vor die Tür setzen würde. Nun, ich lud euch beide zuerst mal in mein
Wohnzimmer ein, und bei einem Glas Wein verhandelten wir das Vorgehen.

Mein Gästezimmer war mit einem ausziehbaren Canapé versehen, es hatte einen
Schrank und einen grossen, runden Esstisch, die Küche war gross genug, um dort zu
essen, und auch das Badezimmer hatte in dieser Altbauwohnung eine anständige
Grösse. Mit einem etwas mulmigen Gefühl sagte ich ja für ein befristetes Wohnen
bei mir, und für die nächste Zeit begann ein Leben zu dritt. Du, Peter, konntest sehr
schnell als Reiseberater in einem Geschäft deiner Reiseorganisation beginnen. Philippe
hatte als Australier nur eine Aufenthaltsbewilligung von drei Monaten und durfte
nicht arbeiten. Während wir beide jeden Morgen zu unseren jeweiligen Reisebüros
zur Arbeit gingen, hat Philippe einen grossen Teil der Haushaltsarbeiten übernommen
und oft für uns alle drei gekocht. Am Sonntag brunchten wir gemeinsam. Unsere
WG funktionierte sehr gut; die Vermieterin liess uns in Ruhe. In dieser Zeit sprachen
wir viel über Gott und die Welt und auch über alle Möglichkeiten, wie wir Philippe
zu einer legalen Aufenthaltsbewilligung verhelfen könnten. Und ja, wir diskutierten
sogar das Thema Scheinehe. Wir würden diese nur so lange aufrecht erhalten, bis
Philippes Aufenthalt gesichert wäre.

Ich kämpfte lange mit mir, einerseits mit meinen Prinzipien, nichts Illegales tun zu
wollen, doch noch vielmehr mit meiner Überzeugung, niemals zu heiraten. Zu gra-
vierend waren 1980 noch die Einschränkungen, die Frauen mit ihrer Ehe in Kauf
nehmen mussten. Nein, nein und nochmals nein, das wollte ich auf keinen Fall. Du
und Philippe zeigten viel Einfühlungsvermögen für meine Weigerung, auch nur eine
Scheinehe einzugehen.

Das änderte nichts an unserer Freundschaft, manchmal gingen wir zusammen aus. Ich erinnere mich, als wir an einem späten Samstagabend beim Central auf unser Tram warteten und um uns herum einige ‹seltsame Figuren› herumstanden. Wir kamen zum Schluss, dass wir die einzigen vollkommen ‹normalen› Menschen an dieser Haltestelle waren und brachen, kaum hatten wir den Satz ausgesprochen, in lautes Gelächter aus. Wir waren uns bewusst, dass unser Leben zu dritt nicht von allen Herumstehenden als ‹normal› bezeichnet worden wäre.

Irgendwann fandst du, Peter, eine bezahlbare Wohnung und unsere WG kam zum Abschluss. Danach trafen wir uns nur ab und zu, denn die zeitliche Belastung – 100 % Arbeit als Filialleiterin im Reisebüro und parallel dazu das Nachholen der Maturitätsschule für Erwachsene bei der Akad – war für mich enorm. Als es mir zu viel wurde, konnte ich dich, Peter, als meinen Nachfolger bestimmen und war froh, dass der Leiter des Hauptbüros in Basel dich als Filialleiter akzeptierte.

Mein langer, steiniger Weg bis zum Einstieg in den Journalismus verhinderte regelmässige Kontakte – nicht nur mit dir –, und so kam es zu einer längeren Funkstille. Erst 1985 schaffte ich endlich den Start. Ich arbeitete zu 100 Prozent bei einer Presseagentur, besuchte das MAZ in Kursblöcken von jeweils drei Wochen und abends eine Kaderschule, um mein Wissen für meine Arbeit in der Wirtschaftsredaktion zu verbessern. Freizeit und Kontaktpflege gab es in dieser Zeit nicht.

Am 11. August 1987 verstarb der bekannte, doch umstrittene Autor und Schauspieler Alexander Ziegler. Dank seines Buches «Die Konsequenz» und dessen Verfilmung (1977) wurde er «zum bekanntesten und meistgelesenen zeitgenössischen schwulen Schriftsteller deutscher Sprache. Am Abend der Premiere seines Stückes ‹Kokain oder der einsame Kampf des Philipp Neukomm›, schluckte er eine Überdosis Schlaftabletten, an deren Folgen er in den Räumen des Zürcher Kammertheaters ‹Stok› starb» (gemäss Wikipedia).[5]

Alexander Ziegler war in der Presseagentur weder der Inlands- noch der Kulturredaktion bekannt, und so bot ich mich an, dich, Peter, zu kontaktieren und um einen Nachruf zu bitten. Ich war überzeugt, dass du ihn kennen müsstest. Das Telefongespräch bleibt mir bis heute in lebhafter Erinnerung:

---

5 *https://de.wikipedia.org/wiki/Alexander_Ziegler_(Schriftsteller,_1944), 04.11.20*

Ich: «Hallo, Peter, hier ist Helena, wir haben lange nichts voneinander gehört. Wie geht es dir?»
Peter: «Ich habe Aids.»
SCHWEIGEN, mindestens eine Minute.
Ich, mit ziemlich erschrockener Stimme: «Ich weiss nicht, wie ich darauf reagieren soll.»
Peter: «Nichts sagen ist besser, denn es gibt keinen Trost.»
Ich, nach Fassung ringend: «Ich wollte dich um einen Nachruf für Alexander Ziegler bitten. Geht das?»
Peter: «Nein, ich bin erblindet, und es geht mir sehr schlecht.»
Ich: «Gibt es etwas, das ich für dich tun kann?»
Peter: «Nein!»
Ich: «Würde dich ein Besuch freuen?»
Peter, mit lebhafter Stimme: «Ja, sehr!»
Ich: «Gut, ich melde mich sobald als möglich.»

Ich legte den Hörer auf. Mein Bürokollege, der mich während des Telefongesprächs beobachtet hatte, fand, ich sei sehr bleich geworden. Ich erzählte ihm von Peters Schicksal.

Jetzt steckte ich wirklich in einem Dilemma. Ich hatte furchtbar Angst, dich, Peter, trotz deiner schweren Aids-Erkrankung zu besuchen. War das nicht gefährlich, selbst dann, wenn ich dich nicht anrühren würde?

1987 war Aids ein Schreckgespenst. Bekannt war mir nur, dass eine Person mit Aids in kurzer Zeit sterben würde, ein Heilmittel gab es nicht. Ich wusste nicht, ob Aids ausschliesslich schwule Männer betraf und nur über sexuelle Kontakte übertragbar war oder über andere Wege. Ich hätte wohl einen Arzt fragen sollen, doch ich getraute mich nicht.

Ich verdammte meine Spontaneität, dir einen Besuch angeboten zu haben, und konnte in dieser Nacht überhaupt nicht schlafen. Am folgenden Tag kontaktierte ich meine Freundin Elisabeth, die du, Peter, ebenfalls in Bangkok kennengelernt hattest. Gemeinsam überwanden wir unsere Angst und vereinbarten einen Termin in deiner Wohnung.

Wegen deiner Erblindung konntest du nicht sehen, wie sehr wir bei deinem Anblick erschraken, aber vielleicht hast du es gespürt. Du – früher so attraktiv – sahst schrecklich aus, nur noch Haut und Knochen, eingefallene Wangen, graue Haut und entsetzlich schwach. Elisabeth und ich gaben dir die Hand und getrauten uns nicht, dich – wie früher – zu umarmen. Dein Wohnpartner hatte ein Zvieri vorbereitet, das wir gemeinsam assen.

Jetzt erst erfuhr ich, dass Philippe schon vor Jahren nach Australien zurückgereist war, weil es keine Chance gab, seine Aufenthaltsbewilligung zu verlängern. Danach verlorst du den Boden unter den Füssen; auf Details will ich hier nicht eingehen.

Unser Besuch freute dich sehr. Wir erfuhren, dass zwei weitere Kolleginnen aus der Reiseleiterzeit mit dir in Kontakt waren. Elisabeth und ich versprachen, dich wieder zu besuchen. Mit der Zeit gelang es uns allen, unsere Angst vor einer Ansteckung zu überwinden, und es kam zu regelmässigen Treffen entweder bei jemanden von uns oder im Restaurant. Diese Treffen waren nicht nur von einer Abschiedsstimmung geprägt, wir haben auch oft miteinander gelacht, insbesondere über komische Erlebnisse aus der Reiseleiterzeit. Du hast uns offen darüber informiert, dass du bei einer nochmaligen Verschlechterung deines Zustands mit der Hilfe von Exit aus dem Leben scheiden wolltest, und wir fanden deine Entscheidung vernünftig. Du hattest vor, bis zum nächsten Frühling zu warten, doch im Spätherbst mochtest du deinen Zustand nicht länger ertragen. Die Exit-Leute taten ihren Job; wir wurden am Tag danach informiert. Zur Beerdigung kamen rund zehn Personen, es war eine trostlose Abdankungsfeier. Auch deine Mutter war dabei, obwohl sie deine Homosexualität nie akzeptiert hatte. Vielleicht wollte sie sich auf diese Weise mit dir versöhnen?

Dreissig Jahre sind seither verstrichen, doch ich kann diese Erfahrung mit dir, Peter, nicht vergessen. Ich bin überzeugt, dass du nicht erkrankt wärst, wenn Philippe hiergeblieben wäre und ihr eure Partnerschaft offen hättet leben dürfen. Viel zu lange hat es gedauert, bis Homosexualität und gleichgeschlechtliche Beziehungen akzeptiert wurden, und unsäglich viel Leid ist deswegen geschehen, mit dir und Philippe, mit Tausenden von Menschen hier in der Schweiz und auf der ganzen Welt. Falls es ein Jenseits geben sollte, so wünsche ich dir, Peter, dass es von Licht und Glück durchflutet sein möge.»

Plädoyer für mehr Offenheit gegenüber Andersartigkeit

Wer selber die Erfahrung hat oder gemacht hat, in irgendeiner Form der Norm nicht zu 100 Prozent zu entsprechen, weiss, wie sehr dies schmerzen kann. Im Anschluss an den Brief an Peter Häcki folgen hier zwei Nachträge, die ich zu unterschiedlichen Zeiten geschrieben habe:

Nachtrag 1, Dezember 2017

Der Auslöser meines Briefs an Peter war der Welt-Aids-Tag am 01.12.2017. Der Wortlaut dazu in der Google-Info lautete: «Weltweit leben etwa 36,7 Millionen Menschen mit HIV. Rund 1,8 Millionen kamen 2016 dazu. Noch lange haben nicht alle Betroffenen Zugang zu den lebensnotwendigen Medikamenten. Und noch immer erleben Betroffene Ausgrenzung und Stigmatisierung. Am 1. Dezember findet deshalb jedes Jahr der Welt-Aids-Tag statt. Ziel ist es, dafür zu sensibilisieren, wie wichtig ein Miteinander ohne Vorurteile und Ausgrenzung ist – und zu zeigen, dass wir alle positiv zusammenleben können ... Der Welt-Aids-Tag dient auch dazu, Verantwortliche in Politik, Medien, Wirtschaft und Gesellschaft – weltweit wie auch in Europa und Deutschland – daran zu erinnern, dass das HI-Virus noch längst nicht besiegt ist. Auch, damit überall die notwendigen Mittel bereitgestellt werden und sich Vorbeugung, Aufklärung, Behandlung und Hilfe für die Betroffenen an ihren Lebensrealitäten orientieren können.»[6]

Nach der Erfahrung mit Peter bin ich dankbar, in einer Stadt zu leben, in der seit einigen Jahren selbst hochrangige Politiker*innen öffentlich zu ihrer Homosexualität stehen können und eingetragene Part-

---

6   https://www.aidshilfe.de/meldung/hiv-man-leben-weitersagen-neue-kampagne-welt-aids-tag-gestartet (04.11.20)

nerschaften eingehen dürfen. Es ist etwas archaisch, dass die Ehe in der Schweiz noch nicht möglich ist, andere Länder sind diesbezüglich fortschrittlicher.

Aids ist nicht mehr lebensbedrohlich, doch, wie das oben erwähnte Communiqué zeigt, ist das Problem bei weitem nicht gelöst. Der jährliche Welt-Aids-Tag leistet einen wichtigen Beitrag zur Bewusstseinsbildung, und es bleibt zu hoffen, dass es nicht nochmals 30 Jahre dauern wird, bis weltweit alle Formen menschlicher Sexualität von der Gesellschaft respektiert und Krankheiten wie Aids geheilt werden können.

Nachtrag 2, März 2020

Jahrhundertelang (genau genommen jahrtausendelang) bis Ende des 20. Jahrhundert war in der Öffentlichkeit ausschliesslich Heterosexualität ein Thema. Wenige männliche und weibliche Sexologen getrauten sich, als Fachpersonen in den Medien die Thematik umfassend zu erläutern. Zur Aufklärung von sexuellem Verhalten zwischen Frauen und Männern gab es – zumindest in offenen Gesellschaften der westlichen Welt – Fachbücher für Erwachsene und Kinder, die in Buchhandlungen und Bibliotheken zugänglich sind. Homosexualität blieb indes noch erstaunlich lange ein Tabuthema.

Mit Beginn des 21. Jahrhunderts ging auf einmal – im Vergleich zu früher – alles sehr schnell. Innert kürzester Zeit getrauten sich homosexuelle Männer und Frauen, sich ‹outen›, sie wurden politisch und gesellschaftlich *sichtbar* aktiv und wurden vom Volk in hohe politische Ämter gewählt. Die Stadtpräsidentin der Stadt Zürich ist mittlerweile nur eines von vielen prominenten Beispielen. Schwule und Lesben sind in einer offenen Gesellschaft kaum mehr Schimpfwörter, diese Begriffe werden – zumindest teilweise – als korrekte Bezeichnung von Personen verwendet, die ihre Sexualität anders leben als Heterosexuelle. Ein weiterer Fortschritt: Mit Gründung der LGBTQIA+-Bewegung treten nun auch trans- und bisexuelle Menschen an die

Öffentlichkeit. Das Ziel dieses Begriffs ist es, möglichst niemanden auszuschliessen.

Der momentane Höhepunkt dieser raschen Entwicklung der letzten 20 Jahre ist die gesamtschweizerische Abstimmung vom 9. Februar 2020, in der das «Verbot der Diskriminierung aufgrund der sexuellen Orientierung» mit 63,1 % der Wählerstimmen deutlich angenommen wurde. Und eine weitere Überraschung folgte am 11. Juni 2020: Der Nationalrat stimmte mit 132 zu 52 Stimmen bei 13 Enthaltungen für die «Ehe für alle», und dies inklusive Samenspende für lesbische Paare (gemäss Bericht im Tages-Anzeiger vom 12. Juni 2020). Das ist für Schweizer Verhältnisse ziemlich revolutionär. Auf internationaler Ebene ist erwähnenswert: Am 15. Juni 2020 hat in den USA das Oberste Gericht die Diskriminierung von LGBTQIA+-Menschen ebenfalls verboten.

Die Gesetzgebung ist dem gelebten Alltag von LGBTQIA+-Menschen voraus, denn immer noch sehen sie sich Diskriminierung und Gewalt ausgesetzt. Bleibt zu hoffen, dass die Menschen endlich lernen, dem Anderssein von Personen mit Respekt zu begegnen, egal, in welcher Form sich dieses Fremde, Unbekannte äussert, zum Beispiel aufgrund der Hautfarbe oder einer Behinderung, der sexuellen Orientierung, des Geschlechts oder des Alters, der Herkunft oder der Sprache.

Hilfreich — wenn auch reichlich kompliziert — ist die Lektüre von Martin Buber, der, wie kaum ein anderer Philosoph in seinem Buch «Das dialogische Prinzip» die Gleichwertigkeit des Ich und des Du propagiert. «Alles wirkliche Leben ist Begegnung», schreibt Martin Buber (S. 15, 9. Auflage, 2002). Wenn es uns gelingt, jedem Gegenüber mit Offenheit und Neugierde zu begegnen, können wir viel lernen, staunen, uns freuen, vielleicht lieben und: entscheiden, ob die Begegnung von Dauer sein kann oder eben nicht. Abgrenzung ist legitim, vorausgesetzt, dass sie mit Anstand und Respekt formuliert wird. Es gilt auch hier, wie in vielen anderen Bereichen des gesellschaftlichen Alltags: «Behandle jeden Menschen so, wie du selbst behandelt werden möchtest.»

Meine Liebesbeziehungen[7]

Manfred, meine erste Liebe

Lieber Manfred,

lange habe ich nicht mehr an dich gedacht. 50 Jahre sind es her, seit wir uns zum ersten Mal begegnet sind, auf einer Kreuzfahrt im Mittelmeer. Ich reiste mit einer organisierten Pauschalreise mit mehreren anderen jungen Menschen, die mir alle fremd waren. Du warst allein unterwegs, und wir begegneten uns auf dem Deck, am zweiten Reisetag, irgendwo zwischen Genua und Barcelona, als nach dem Abendessen das Tanzen losging. Ich sehe noch, wie du auf unseren Tisch zukamst und mich – sehr höflich und elegant – um den nächsten Tanz batest. Etwas verdutzt stand ich auf: Oh weh! Jetzt erst bemerkte ich deine Grösse. Erst später wusste ich: 1,91 Meter, genau 40 Zentimeter grösser als ich. Der Tanz funktionierte trotzdem. Du hieltest mich ganz fest in den Armen, beim Walzer schwebte ich zeitweise in der Luft. Ich wog etwa 45 kg, und es machte dir offensichtlich nichts aus, mit mir durch die Luft zu schweben.

Von da an waren wir für den Rest der Reise, die uns nach Mallorca, Capri und Sizilien brachte, zusammen. Die drei Frauen, die die enge Kabine der günstigsten Kategorie (unter Wasser) mit mir teilten, sah ich nur noch am Tisch und beim Aufstehen. Du hattest dich vollkommen in mich verliebt, und ich genoss es, von einem ‹reifen› Mann derart umworben zu werden. Ganz heimlich kam es zu ersten Küssen und mehr. Alles war für mich sehr neu, doch du gingst sehr behutsam vor.

Nach der Ankunft in Genua wollte ich auf den Zug, zurück nach Fribourg. Du hattest deinen alten Porsche am Hafen parkiert und mir

---

7 Dieser Text entstand im Rahmen eines Schreibseminars und beantwortete die Frage: Wie war das, als sich mein erster Freund und meine Eltern das erste Mal getroffen haben? – Text in Briefform vom 23.11.2017, mit Ergänzung vom 24.01.20

angeboten, mit dir nach Nizza zu fahren und von dort am Sonntag den Zug zu nehmen. Was für ein Dilemma! Welcher Kampf in meinem Inneren zwischen Lust auf Abenteuer und Angst, hinter deiner Freundlichkeit könnte ein Wolf lauern. Die Abenteuerlust siegte, doch unterwegs überwältigte mich nochmals die Angst. Du hast es gespürt und beim nächsten Bahnhof angehalten. Das allein genügte, damit ich wieder Vertrauen schöpfte.

Wir verbrachten eine Nacht in Diano Marina, nahe der französischen Grenze, und in dieser Nacht hast du mich – mit meiner Einwilligung – sehr respektvoll und behutsam und dennoch mit Leidenschaft zur Frau gemacht. Ich war gerade 18 Jahre alt geworden und bin dir bis heute dankbar, dass ich das Glück hatte, meine Einführung in Liebe und Sexualität mit dir zu erleben.

Am nächsten Morgen fuhren wir weiter nach Nizza, flanierten verliebt durch die Stadt. Viele Menschen lächelten uns zu, und ich war fast sicher, dass man mir meine Entjungferung ansehen würde. Vielleicht mussten sie auch wegen unseres Grössenunterschieds schmunzeln, auf jeden Fall tuschelte jemand hinter unserem Rücken: «Wie machen die beiden wohl Liebe?!» Manfred und ich hatten gerade erfahren, dass es möglich ist.

Irgendwann stieg ich in den Zug und traf am Sonntagabend überglücklich zu Hause ein. Danach begann ein eifriger Briefwechsel und irgendwann hast du einen Besuch angekündigt. Du wolltest meine Eltern sehen und danach ein paar Tage mit mir durch die Innerschweiz fahren. Du trafst zur vereinbarten Zeit bei meinem Elternhaus ein, stiegst aus deinem Porsche und wir umarmten uns – eher zurückhaltend, weil meine Eltern bereits vor die Tür gekommen waren. Im Nachhinein habe ich die Vermutung, dass meine Eltern vor allem vor deiner körperlichen Grösse erschrocken sind, zumal bei uns alle kleingewachsen sind. Wir gingen zum Kaffee in die Küche, und Mama wollte alles von dir wissen, was du beruflich machst, über deine Vergangenheit und und und. Sie machte dich überdeutlich über mein zar-

tes Alter und meine Unerfahrenheit aufmerksam und bat dich, in jeder Hinsicht ein Gentleman zu sein, was du ja bereits warst, und du hast Mama hoch und heilig versprochen, es immer zu bleiben. Dann ging's einen Stock hinunter in Papas Büro, damit wir uns vor unserem Ausflug von ihm verabschieden konnten. Papa wollte gerade ein ernstes Wort mit dir reden, doch du sagtest sehr freundlich: «Vielen Dank, Ihre Gemahlin hat mich gerade schon instruiert», und Papa liess es bleiben. Wir fuhren weg und verbrachten drei wunderbare Tage in Luzern und Umgebung, bevor du wieder zurück, also nach Frankfurt fuhrst.»

Dies war die erste und einzige Begegnung zwischen Manfred und meinen Eltern, obwohl unsere Freundschaft und Liebesbeziehung fünf Jahre andauerten. Wir schrieben viel und sahen uns nur selten, denn nach den Sommerferien begann für mich die sehr intensive Zeit des Französischstudiums an der Universität Fribourg bei 60 % Erwerbstätigkeit. Manfred war zwölf Jahre älter als ich und hätte mich sehr gern geheiratet. Er schwärmte sogar von einer Südamerikareise, die wir im Wohnwagen in etwa zwei Jahren vom Norden bis zur südlichsten Spitze gemacht hätten. Die Reise hätte ich nach Abschluss des Studiums durchaus gemacht, doch heiraten wollte ich auf keinen Fall. Nicht wegen Manfred, sondern aus Prinzip. Ich fühlte mich viel zu jung, wollte zuerst beruflich und finanziell vollständig unabhängig werden und die Welt auf eigene Faust entdecken. Wenn überhaupt eine feste Beziehung, dann nur nach dem Muster von Simone de Beauvoir und Jean-Paul Sartre. Der Existenzialismus hat mich stark geprägt, und in Simone de Beauvoir sah ich mein grosses Vorbild. In rund fünf Jahren trafen Manfred und ich uns ein- bis zweimal im Jahr und schrieben uns regelmässig, bis ich eines Tages die Nachricht erhielt, er habe eine junge Frau kennengelernt, die mir ähnlich sei und die er heiraten werde.

Was habe ich aus dieser Beziehung gelernt? Manfred war der perfekte Liebhaber. Er hat mich im Alter von 18 Jahren – aufgrund meiner Unerfahrenheit – sehr sachte, geduldig und liebevoll in das Liebesleben eingeführt. Er zeigte mir, was Lust und körperliche Hingabe ist, und half mir, meine eigene Sexualität zu entdecken. Er war interessant und charmant als Gesprächspartner und verhielt sich in jeder Situation als Gentleman. Manfred setzte einen hohen Standard, und dank dieser Erfahrung war ich für immer davor geschützt, mich auf eine minderwertige Beziehung einzulassen. Mein Motto war: Lieber glücklich allein sein als unglücklich zu zweit. Im Freundeskreis gab es ein paar abschreckende Beispiele.

Gewiss: Ich habe mich ein paarmal spontan verliebt, und es gab ein paar kurze, romantische Abenteuer. Zweimal hätte ich mir durchaus gewünscht, dass aus einer Freundschaft eine Liebesbeziehung geworden wäre. Doch diesmal waren es die Männer, die nein sagten.

So war ich bereits 42 Jahre alt, als ich mich – sehr vorsichtig und in kleinen Schritten – auf eine Liebesbeziehung einliess. Es war für beide Seiten die richtige Entscheidung, denn sie hält bis heute, also seit 25 Jahren.

Spätes, doch lang anhaltendes Glück

Emil – die grosse Liebe

Ich beginne das Kapitel über meinen Lebenspartner mit einem Brief, den ich Emil am 18. Juni 2005 zu seinem Geburtstag geschrieben habe, weil er so vieles enthält, was für unsere Beziehung wichtig und bis heute gültig ist.

Emil, mein Geliebter – es war nicht Liebe auf den ersten Blick, aber ganz viel spontane Sympathie. Ich erinnere mich, als wäre es gestern, wie du vor bald elf Jahren in Hannover (am 05.07.1994) in diesen grossen Saal geschritten bist: gut aussehend, gross und schlank. Mit deiner schwarzen Wildlederjacke zum weissen Hemd sahst du umwerfend aus. Nach einem prüfenden Blick auf das bereits anwesende Publikum bist du, aus welchen Gründen auch immer, auf den Tisch zugesteuert, an dem ich mit zwei Kolleginnen von «Manager Seminare» beim Brunch sass. Höflich hast du dich mit einer leichten Verbeugung erkundigt, ob du dich an unseren Tisch setzen dürftest.

Du hast dich vorgestellt, und meine erste geheime Reaktion war ein leichter Ärger. Das warst du also, die zweite Person, die aus der Schweiz zu dieser internationalen Pressekonferenz nach Hannover eingeladen wurde. Warum hattest du dich nicht im Voraus bei mir gemeldet, wie es in der Einladung empfohlen worden war? Nur zwei Personen aus der Schweiz, doch wir waren ohne Wissen voneinander separat im selben Flugzeug angereist und hatten separat ein Taxi zum Ausstellungsgelände genommen. Das warst du also: Dr. Emil Wettstein, Berufsbildungsexperte in gehobener Stellung! Ein Blick auf deinen Ehering vertrieb augenblicklich meine Vermutung, dass meine unerklärlich starken Widerstände, die ich vor Antritt dieser Reise empfunden hatte, etwas mit dieser Begegnung zu tun haben könnten.

Doch du warst sympathisch, es war spannend, mit dir zu reden, und ich fühlte mich geschmeichelt, dass du dich für meine Arbeit als

Redaktorin interessiertest. Wir trafen über den ganzen Tag immer wieder zusammen; ein Bild vom Steh-Apéro dokumentiert erstmals unseren extremen Grössenunterschied. Dein Du-Angebot beim Schlummertrunk nahm ich zwiespältig auf: mit Freude, weil du damit Sympathie zeigtest, mit Skepsis, weil du gegen eine gängige Anstandsregel verstossen hattest.

Die Vermutung, dass aus dieser berufsbedingten Begegnung mehr als spontane Sympathie entstanden war, spürten wir beide am folgenden Morgen während des Rückfluges. Das Gespräch über Spiritualität löste bei mir ein Gefühl der Verbundenheit, ja, Verwandtschaft unserer Seelen aus. Wir mochten nach aussen noch so verschieden wirken, auf einer tieferen Ebene manifestierte sich ein feiner Verbindungsfaden, ohne dass wir auch nur ahnten, wie stark er unser Leben dereinst beeinflussen sollte.

Das dauerte allerdings ein paar Jahre. Zwar trafen wir uns ab und zu im beruflichen Rahmen zu einem Mittagessen. Wir spürten unsere Nähe, doch wir haben uns wacker gegen die entstehende Liebe gewehrt. Während es bei mir «nur» um die Angst ging, mein unkompliziertes Singledasein aufzugeben und mich auf eine ungewisse Partnerschaft einzulassen, ging es bei dir um die schwierige Frage, ob du dich irgendwann von deiner Familie trennen würdest. Du bist mit einer unglaublichen Sorgfalt, Ernsthaftigkeit und einem überdurchschnittlichen Verantwortungsbewusstsein gegenüber deinen Töchtern in diesen Entscheidungsprozess getreten. Doch niemals empfand ich deinen langen Trennungsweg als ein gegen mich gerichtetes Manöver. Im Gegenteil: Mein Respekt für dich wuchs. Dein Verhalten stärkte mein Vertrauen in dich. Du warst (und bist) nicht nur auf deine eigenen Ziele oder Interessen konzentriert, sondern du nimmst Rücksicht auf die Gefühle der Menschen, die dich umgeben.

Erst im Verlauf des Jahres 1997, als wir uns beide beruflich selbständig gemacht hatten, kamst du nach Zürich. Du fandest eine Wohnung in meiner Umgebung, und das war der eigentliche Beginn unserer

Beziehung. In unserer Freizeit unternahmen wir viel, und meine Liebe zu dir wuchs. Jahr für Jahr. Aus dem feinen Verbindungsfaden ist ein solides Band der Zusammengehörigkeit entstanden. Ich liebe dich, Emil, doch warum ist es so schwierig, diese tiefen Gefühle in Worte zu fassen? Ich versuch's, indem ich ein paar Punkte aufzähle, die mir an dir und mit dir so gut gefallen:

- *deine Zärtlichkeit und die Geborgenheit, die du mir vermittelst,*
- *die wunderbare Art, wie ich Sexualität mit dir erleben darf,*
- *deine Intelligenz und dein vielseitiges Wissen,*
- *dein Humor und deine Phantasie,*
- *dein Selbstverständnis, mich zu akzeptieren, wie ich bin,*
- *dein Feingefühl und dein Gespür, eine momentane Stimmung von mir wahrzunehmen,*
- *dein reges Interesse in vielen Bereichen, die auch mich interessieren,*
- *deine praktischen Fähigkeiten und die Hilfe, die du mir immer wieder anbietest,*
- *die Gespräche mit dir und deine klugen Fragen, auch dann, wenn du mich zum Weiterdenken zwingst, obwohl ich selbst keine Lust dazu habe,*
- *deine riesige Grosszügigkeit (obwohl sie mich manchmal etwas beschämt),*
- *deine Unterstützung im beruflichen Bereich und das Vermitteln von Aufträgen,*
- *deine Bereitschaft, mit mir tanzen zu gehen, trotz 35 cm Grössenunterschied,*
- *deine Offenheit, auf Reisen Neues zu entdecken und Erfahrungen zu sammeln,*
- *deine Akzeptanz unseres unkonventionellen Zusammenlebens als Paar in zwei Wohnungen*
- *und noch ganz viel mehr.*

Seit bald drei Jahren (2002) leben wir nun im gemeinsamen Haus. Und ich möchte keinen einzigen Tag davon missen. Wenn ich dich nicht sehe, bin ich froh, zu hören, wenn du im Haus bist. Es ist ein beruhigendes Gefühl, deine Präsenz zu spüren. Und selbst wenn ich unterwegs bin und an dich denke, wird mir ganz leicht und froh ums Herz.

Ich bin so dankbar, dass du in mein Leben gekommen bist, mein geliebter Emil. Nie hätte ich – selbst in den kühnsten Hoffnungen – mir vorstellen können, dass eine Liebesbeziehung so etwas Schönes, so etwas Wunderbares sein kann.

Danke, Emil, dass du da bist, dass du mit mir bist, dass du zu mir stehst. Möge dieser wunderbare Zustand noch sehr, sehr lange anhalten. Ich liebe dich.

Eine schicksalhafte Begegnung

Heute, am 4. März 2020, staune ich, dass für mich dieser Brief noch immer zu 100 Prozent stimmt. Das heisst nicht, dass es in all den Jahren keine Unstimmigkeiten gab und gibt. Toll ist, dass es uns jedes Mal in Kürze gelingt, sie im Gespräch zu bereinigen.

Doch bevor ich fortfahre, will ich meine Stimmung in der Woche *vor* der Pressereise nach Hannover schildern, die mir in lebhafter Erinnerung geblieben ist. Jeden Tag löste am späten Nachmittag der Blick auf die Uhr einen kleinen Schrecken aus: Bereits 18.00 Uhr, und ich hatte wieder nicht angerufen! Und jetzt (am 4. Juli) war es endgültig zu spät. Seit einer Woche hatte ich mir vorgenommen, meine Anmeldung zur Pressekonferenz in Hannover rückgängig zu machen. Nicht nur wegen der vielen Arbeit, die während anderthalb Tagen liegen bleiben würde, und auch nicht, weil ich am Tag nach meinem 42. Geburtstag bereits um 05:00 Uhr aufstehen musste, um rechtzeitig am Flughafen zu sein. Nein, es war ein undefinierbares Gefühl. Ich glaubte, eine innere Stimme zu hören, die immerzu rief: Geh nicht nach Hannover! Doch jetzt war es endgültig zu spät, nie hätte ich mir eine derartige Unhöflichkeit erlaubt, ohne rechtzeitige Abmeldung nicht zur Pressekonferenz zu reisen. Mit gemischten Gefühlen suchte ich nach den Reiseunterlagen für Hannover, räumte den Bürotisch auf und machte mich eilig auf den Weg zu meiner Freundin Beatrice, die mich – wie jedes Jahr – zum Geburtstagsessen eingeladen hatte.

In all den Jahren habe ich immer wieder mal darüber nachgedacht, was mir mein Unterbewusstsein damals melden wollte. Ich habe zahlreiche Konferenzen im In- und Ausland besucht, und nie ist etwas Derartiges passiert. Klar, ich hatte mich stets vor einer Bindung gefürchtet, doch wie konnte ich auch nur im Geringsten ahnen, dass diese Reise – längerfristig – mein Leben auf den Kopf stellen würde? Nun, es war tatsächlich eine schicksalhafte Begegnung, und es war gut so. Bis heute bin ich überzeugt, dass ohne die oben beschriebene lange Anlaufzeit nichts aus uns geworden wäre. Nur so konnte ich mich sachte und mit viel Zeit darauf einstellen, bald nicht mehr Singlefrau zu sein.

Ich muss allerdings gestehen, dass unsere Form des Wohnens – zwei Wohnungen im eigenen Haus – das Zusammenleben ganz wesentlich vereinfacht hat. Ich, die sich bereits als Jugendliche geschworen hatte, nie zu heiraten, habe im Jahr 2006, im Alter von 54 Jahren, Emils drittem Heiratsantrag schliesslich zugestimmt, und dies nur, um uns im Alter, bezüglich Krankheit und Sterbehilfe – ohne Einwände von aussen –, gegenseitig besser unterstützen zu können. Ansonsten hat sich nichts verändert. Für gemeinsame Ausgänge, Ferien, Familienanlässe etc. haben wir ein gemeinsames PC-Konto. Ansonsten verdienen und verwalten wir unser eigenes Geld. Mein Wille nach finanzieller Unabhängigkeit begann nicht erst, als ich im Französischstudium die Existenzialistin Simone de Beauvoir («Die Unabhängigkeit der Frau beginnt mit ihrer finanziellen Unabhängigkeit») kennenlernte, sondern bereits, als ich als Schulkind in unserem Gastgewerbebetrieb mein eigenes Geld verdiente und beschloss, dies immer tun zu wollen.

Zur Entscheidung von je einer Wohnung kamen wir, als wir nach einigen Jahren in einem Abstand von drei Häusern in Wipkingen gewohnt hatten, und sich unsere Beziehung immer stärker festigte, doch wir etwas näher zusammenrücken wollten. In einem Inserat fand ich zufällig ein Angebot für ein «Mehrfamilienhaus mit Einliegerwohnung» in Altstetten. Obwohl dieses Quartier nicht unbedingt unseren Wünschen entsprach (lieber wären wir in Wipkingen/Höngg geblieben), sahen wir uns dieses eigentümliche Haus am Hang des Uetlibergs, am Ende einer Sackgasse an. Der erste Eindruck war so verheerend, dass wir beinahe wieder abgefahren wären, ohne das Haus zu besichtigen. Es hatte eine eigentümliche blau-dunkelrosa Farbe und war von einer dicken, sehr hohen Hecke umgeben, was wir als furchtbar abweisend empfanden. Da wir schon mal da waren, klingelten wir und besichtigten das Haus, und siehe da: Es erfüllte unsere Bedürfnisse mit geradezu perfekten Bedingungen. Eine Wohnung im Obergeschoss für mich, eine Wohnung im Hochparterre für Emil und die sogenannte Einliegerwohnung mit zwei Zimmern und separatem Eingang hinter dem Haus, eignete sich hervorragend für Emils Büroräumlichkeiten. Die Zimmer des über 100-jährigen Hauses waren zwar klein, doch Küche und Bad waren in einem akzeptablen Zustand. Der Preis für das gesamte Haus inklusive kleinem Umschwung war mehr als vernünftig (eine knappe Million), zumal der Neuanstrich des gesamten Hauses inbegriffen war. Wegen eines Pigmentfehlers bei den Farben habe die Aussenfassade so scheusslich ausgesehen, erklärten die vormaligen Besitzer.

Auf eigene Kosten liessen wir im ganzen Haus die Wände neu streichen und legten überall Parkettböden ein. Die dicke Hecke liessen wir von einem Gärtner vollständig roden, was einigen Nachbarn nicht gefiel, zumal es eine Weile dauerte, bis die neuen, leichten Pflanzen heranwuchsen und die Leere füllten. Am 1. Oktober 2002 konnten wir offiziell in unser weisses Häuschen mit blauen Fensterläden einziehen. Wenn die Sonne draufscheint, erinnert es uns an Griechenland und damit auch an unsere erste gemeinsame Reise. Bis heute finden wir, dass es hübsch aussieht, und wir fühlen uns hier sehr heimisch.

Der Girhaldenweg ist eine Sackgasse mit zehn Häusern unterschiedlicher Grösse. Etwa die Hälfte der rund 30 Bewohner*innen hat «schon immer» hier gewohnt. Emil und ich waren uns von Anfang an einig, dass wir den Kontakt mit den Nachbar*innen pflegen wollten. Seit Beginn, also seit 2003, laden wir sie am 2. Januar zum Neujahrs-Apéro in unser Haus, und seit rund zehn Jahren gibt es jeden Spätsommer eine Wimmet, weil die auf Emils Laube gepflanzten Reben jedes Jahr mehr Trauben hergeben. So leben wir zwar in der «Grossstadt» Zürich, im nicht sonderlich attraktiven Altstetten, doch uns gefällt die dörfliche Stimmung am Girhaldenweg, wo die Kinder auf der Strasse spielen können und man sich grüsst und ein paar Worte wechselt, wenn man sich zufällig begegnet.

Wir beide haben uns im Jahr 1997 selbständig gemacht, Emil als Berufsbildungsexperte und ich als Organisationsentwicklerin und Moderatorin. Emil hatte bis über die Pensionierung hinaus ein bis mehrere Angestellte und konnte zeitweise sogar einen Raum im Haus gegenüber hinzumieten. Zeitweise leitete Emil auch Projekte, an denen ich mitgewirkt habe. Mein eigenes Büro habe ich in meiner Maisonettewohnung eingerichtet. Die Trennung von je eigenem Wohn- und Arbeitsraum erwies sich über all die Jahre als derart ideal, dass wir sie auch nach der Pensionierung beibehalten haben. Bis heute nehmen wir während der Woche die Mahlzeiten nicht gemeinsam ein, pflegen jedoch unsere täglichen Begrüssungs- und Gute-Nacht-Rituale sowie unseren gemeinsamen Mittagsspaziergang. Am Wochenende bekochen wir uns gegenseitig mit einem Drei-Gang-Menu und geniessen die gemeinsamen Samstag- und Sonntagabende einmal bei Emil und einmal bei mir.

Gerade, weil wir uns räumlich nicht ständig nahe sind, freuen wir uns auf jedes Zusammensein, und weil wir gewisse berufliche Interessen weiterhin pflegen und uns stark über das Geschehen in der Welt orientieren, haben wir immer Gesprächsstoff, wenn wir uns abends oder auf dem Spaziergang austauschen. Und, was aus meiner Sicht für eine anhaltend gute Beziehung grundlegende Bedeutung hat: Wir leben die gleichen Werte. Soziales und ökologisches Verhalten sind uns wichtig, wir essen seit 25 Jahren vegetarisch und besitzen seit einigen Jahren kein Auto mehr. In früheren Jahren machten wir zahlreiche Reisen, mehrheitlich in Europa und einige Male in Asien, doch in den letzten Jahren haben wir das Reisen drastisch reduziert, insbesondere das Fliegen. In Emils früheren Büroräumlichkeiten wohnen seit 2016 Migrant*innen, die uns vom AOZ der Stadt Zürich zugewiesen werden, jeweils ein junges Paar mit einem Baby, was zur Folge hat, dass die junge Familie in eine grössere Wohnung weiterzieht, sobald das Kind laufen kann. Durch unsere Lebensweise und den vergebenen Wohnraum ist unser ökologischer Fussabdruck – trotz des eigenen Häuschens – einigermassen vertretbar, wobei man natürlich immer optimieren kann.

Wir pflegen den regelmässigen Kontakt mit unseren Herkunftsfamilien, und ich, die selbst nie Kinder auf die Welt setzen wollte, kam dank Emil zu zwei liebenswerten Stieftöchtern, deren Partnern und zwei Enkelkindern. Meine beiden Schwestern und deren Familien haben Emil von Beginn an ins Herz geschlossen (mein Bruder starb leider bereits 2007). Wir pflegen Kontakte zum alten und neuen Freundeskreis und wollen die Zeit nutzen, die uns noch bleibt. Leider haben wir in den letzten zwei Jahren bereits mehrere Personen verloren, die uns wichtig waren. Zum jetzigen Zeitpunkt fühlen wir uns – Emil mit 78 und ich mit 68 Jahren –, abgesehen von kleineren Beschwerden, erfreulich fit und gesund. Wir haben schon früh auf gesundes Essen, vernünftigen Weinkonsum und viel Bewegung geachtet, doch eine Garantie gibt es nicht. Wir hoffen einfach, das Leben inmitten unseres Familien- und Freundeskreises noch einige Jahre geniessen zu können. Und ganz besonders schätzen wir, wenn wir da und dort weiterhin einen kleinen Beitrag zu etwas mehr Lebensqualität in unserem Umfeld leisten können.

Zwei bedrohliche Ereignisse mit Emil

Gefährliche Limmat

Am Mittwoch, 1. August 2018, nutzten wir den freien Nationalfeiertag, um ein lang gehegtes Vorhaben endlich auszuführen, nämlich in der Limmat eine längere Strecke zu schwimmen.

Kurz vor 14:00 fuhren Emil und ich mit Bus und Tram 4 zum Escher-Wyss-Platz. Wir waren mit allem Notwendigen zum Schwimmen in der Limmat ausgerüstet, Hut und Sonnenbrille, wasserdichter Sack für unsere Kleider, SBB-Generalabonnement (GA), Geld und Hausschlüssel. Womit wir jedoch nicht gerechnet hatten: Die Limmat hatte viel zu wenig Wasser, was wir leider zu spät bemerkten, als es schon kein Zurück mehr gab. Wir standen bzw. versuchten, mitten in der Limmat zu stehen, und weil das Wasser kaum 30 cm über die Steine kam, war Schwimmen absolut unmöglich. Laufend und zum Teil auf dem Hinterteil mussten wir uns treiben lassen, denn Stehenbleiben war nur möglich, wenn man sich an einem starken Stein festhalten konnte. Irgendwann gelang es uns dann – je separat –, ans linke Ufer zu kommen, mit grosser Sorgfalt und ohne Panik.

Nach etwas Verschnaufen konnten wir den kleinen Hang zum Uferweg hinaufklettern und uns in Sicherheit bringen. Erst jetzt wurde uns die Gefahr einigermassen bewusst, in der wir uns befunden hatten. Wir sind mit einigen Schürfungen und dem Schrecken davongekommen, doch wenn es uns nicht rechtzeitig gelungen wäre, ans Ufer zu kommen, hätten wir uns ganz erheblich verletzen können. Ich hatte mich so sehr auf das Schwimmen im Fluss gefreut und wollte jetzt trotz der schwierigen Erfahrung nicht gleich aufgeben. Und so überzeugte ich Emil, zu Fuss bis zur Werdinsel zu laufen und dort – im tiefen und überwachten Flussbad – doch noch zu einem kühlenden Bad zu kommen. Das tat gut! Danach kauften wir uns ein Pralinato, das wir am Ufer assen, und gegen 17:00 Uhr kehrten wir mit Tram und Bus nach Hause zurück. Hier desinfizierten wir gegenseitig unsere Schürfungen und beruhigten die Haut mit Bepanthensalbe. Nach dem Abendessen tauschten wir uns nochmals über unser gefährliches Erlebnis aus: Wie konnten wir nur so unbedacht sein! Wir hatten wirklich Glück, dass wir mit mehreren Schürfungen und dem Schrecken davongekommen waren. Fazit: Nicht nur starke Strömungen sind im Fluss gefähr-

lich, Untiefen, die das Schwimmen verunmöglichen, sind es ebenso. Wir haben in aller Härte erfahren, weshalb das Schwimmen in der Limmat nicht überall erlaubt ist. Nach diesem Erlebnis waren wir beide vollkommen erschöpft und gingen früh schlafen. Doch zuvor dankte ich unseren Schutzengeln von ganzem Herzen, dass sie uns vor Schlimmerem beschützt hatten.

Ein Raubüberfall am helllichten Tag in Barcelona, Oktober 2001

Mein Tagebucheintrag von Montag, 08.10.2001 – ein dramatischer Raubüberfall

«Ein wunderbar klarer, schöner Tag. Wir beschliessen, per Luftseilbahn auf den Montjuïc zu fahren. Nach Ankunft bei der Bergstation spazieren wir in den gegenüberliegenden Park. Der Weg zur Spitze des Montjuïc ist gesperrt, und so setzen wir uns etwa 150 m von der Strasse entfernt auf eine Bank, um den Stadtplan zu konsultieren. Ein Mann nähert sich uns und fragt nach Zigaretten. Ich erkläre ihm freundlich, dass wir Nichtraucher seien und keine Zigaretten besässen. Er glaubt mir nicht, und ich wiederhole die Aussage auf Spanisch und Englisch, als mich plötzlich ein zweiter Mann von hinten um die Schultern packt und dann mit einer Hand meinen Mund zuhält, während der andere Emil zu Boden wirft und ihm ein Messer an den Hals hält. Obwohl man uns durch die kleine Hecke auf der Strasse vermutlich gehört hätte, gelingt es weder Emil noch mir, zu schreien. Wir sind beide wie erstarrt. Innerlich rezitiere ich mit grösster Intensität das buddhistische Mantra des Schutzes «Om tare tuttare ture svaha» immer und immer wieder. Ich hatte es vor längerer Zeit aus einem Buch auswendig gelernt,. Während der eine Typ Emil weiterhin mit dem Messer am Hals in Schach hält, leert der zweite unsere Rucksäcke und Bauchtaschen auf die Bank. Emil hatte 30'000, ich a 10'000 Pesetas dabei, und Emil hatte zusätzlich 600 Franken gut versteckt, die allerdings gefunden wurden. Aus dem Rucksack fallen u. a. unsere Badesachen, ein Fotoapparat und ein Natel. Als unsere Bustageskarten herauspurzeln, finde ich plötzlich meine Sprache wieder. Auf Spanisch bitte ich die Räuber sehr höflich, uns doch wenigstens diese Bustickets zu lassen, damit wir ins Hotel zurückfahren können. Ich beobachte einen wortlosen, kurzen Blickwechsel zwischen den beiden, sie packen das Geld und rennen davon. Unsere Bank- und Kreditkarten sowie den Fotoapparat und das Natel lassen sie zurück.

Emil und ich fallen uns in die Arme und – erst jetzt – zittern wir am ganzen Körper. Nach und nach beruhigen wir uns. Wir sind unendlich dankbar, dass wir nicht verletzt wurden und auch, dass sie uns die Karten liessen, was uns ein lästiges Sperren und eine Neubestellung ersparte. Zurück auf der Strasse fährt ein Auto der Guardia Civil vorbei, die ich anhalte und den Vorfall erzähle. Der Beamte zuckt nur mit den Schultern und verweist uns an die zentrale Polizeistation. Emil und ich gehen das Ereignis nochmals in Ruhe durch. Fazit: Wir hatten Glück im Unglück, zwar *um einige Hundert Franken ärmer, doch unverletzt, obwohl die Gewaltbereitschaft mit dem Messer am Hals unmissverständlich war. Wir verzichten auf eine Meldung auf der Polizeistation, das hätte – ausser einem aufwendigen Zeiteinsatz – nichts gebracht. Stattdessen begeben wir uns in die kleine Kapelle neben der Bergstation und bedanken uns bei unseren Schutzengeln für den glimpflichen Ablauf des Raubüberfalls. Wir zünden für beide Räuber je eine Kerze an und bitten das Universum, dass sie es schaffen werden, ihr Räuberdasein zu verlassen und einen ehrlichen Lebensunterhalt zu finden. Danach blieb keine Wut oder Aggressivität zurück, wir waren schlicht dankbar, dass sie uns nicht verletzt haben und am Ende sogar anständig waren, indem sie sich mit dem Bargeld begnügten.»*

Was allerdings bis heute geblieben ist: Jedes Mal – überall auf der Welt –, wenn wir in einer menschenleeren Parkanlage spazieren und uns auf eine Bank setzen möchten, sehen wir das Barcelonaereignis glasklar vor uns … und verzichten. Die Unbeschwertheit, die uns früher überall sorglos hingehen liess, ist nicht zurückgekehrt. Wir sind ängstlicher und achtsamer geworden. Vielleicht ist es gut so.

Feminismus – mein Lebensthema

Ich-Sein – Frau-Sein

«Ich will eine Frau sein, doch ich werde selbst nie Kinder in diese Welt setzen und will alles tun dürfen, was Männer tun!», verkündete ich trotzig gegenüber Regine, unserer langjährigen Allroundangestellten in unserem Gastrobetrieb. «Das geht nicht», meinte sie gelassen, «es gibt Männer- und Frauenberufe, aber das wirst du noch früh genug lernen.» Ich war zu diesem Zeitpunkt zwölf Jahre alt, und es war auf jeden Fall, bevor ich ins Internat musste. Ich bin mir nicht zu 100 Prozent sicher, was genau diese Trotzreaktion ausgelöst hatte, doch möglicherweise war es das Einsetzen meiner ersten Periode. Mama hatte mich am Morgen liebevoll in die Arme genommen und gesagt, dass ich von jetzt an eine Frau sei und schwanger werden könne. Über das Wie einer Schwangerschaft hatte mich Mama längst aufgeklärt, doch die folgenschwere Konsequenz von Mamas Aussage bzw. meine Empörung darüber, liess ich an Regine aus. Regine – ich mochte sie sehr – erinnerte mich später einige Male daran. Sie hat, Jahrzehnte später und noch vor ihrem Tod erlebt, dass ich Wort gehalten habe.

Diese Episode ist meine erste Erinnerung einer bewussten Wahrnehmung, dass Männer so viele Privilegien und Frauen so viele Nachteile haben. Konkretisiert wurde diese Tatsache im Alter von 18 Jahren, als ich an der Uni Fribourg mein Französischstudium aufnahm und mich mit der französischen Philosophin Simone de Beauvoir befasste. In «Das andere Geschlecht» hat sie nach akribischen Recherchen in einer minutiösen Studie die unschönen Tatsachen – zum Beispiel rechtliche, gesetzliche Ungleichheiten – wissenschaftlich dokumentiert. Dieses Buch war und blieb für mich eines der wichtigsten Bücher, die mein Leben nachhaltig geprägt haben.

In der Schweiz war die Situation noch eindeutig schlechter als in Frankreich, zumal wir Frauen nicht einmal abstimmen durften. Als es am 7. Februar 1971 nach jahrzehntelangem Ringen von unzähligen engagierten Frauen endlich eingeführt wurde, begleitete ich Mama und meine beiden Schwestern am Abstimmungssonntag zur Urne und ärgerte mich furchtbar, dass ich mit meinen 19 Jahren noch nicht abstimmen durfte. Nach dem 20. Geburtstag ging ich für fast acht Jahre ins Ausland. Als Repräsentantin einer Schweizer Tourismusorganisation war ich kraft meiner Funktion eine Autoritätsperson und als Frau gleichermassen akzeptiert wie männliche Kollegen.

Als ich ab Mitte 1980 erstmals im deutschsprachigen Raum in Zürich lebte und arbeitete, fiel mir das hässliche Wort «Fräulein» erstmals so richtig auf. Mademoiselle, Señorita und Miss hatte ich als weniger beleidigend empfunden. Warum um Himmels willen war eine unverheiratete, erwachsene Frau von 28 Jahren ein Fräulein und ein 18-jähriger Jüngling ein Herr und kein Herrlein?! Wieder einmal war ich empört. Das Internet gab es damals noch nicht, doch irgendwie stiess ich auf die Arbeitsgemeinschaft unverheirateter Frauen AUF), der ich mich sofort anschloss. Mein Chef in Basel hatte Verständnis für mein sprachliches Ungerechtigkeitsempfinden und druckte mir Visitenkärtchen mit dem Aufdruck «Frau Helena Neuhaus, Filialleiterin». Ich war zufrieden, und von da an konnte ich mich immer durchsetzen, als Frau und nicht als Fräulein angesprochen zu werden. Allerdings dauerte es noch Jahrzehnte, bis das Fräulein aus dem deutschen Sprachgebrauch entfernt wurde. Und bis heute ärgere ich mich, wenn professionelle Serviceangestellte im Restaurant – selbst ältere Damen – mit «Fräulein» gerufen werden. Wie rufen diese Leute eigentlich männliche Serviceangestellte?

Frauenorganisationen und deren jahrzehntelange Kämpfe für Gleichberechtigung und Lohngleichheit

Der 1. April 1985 war mein Beginn in den Journalismus in der Presseagentur spk in der Wirtschaftsredaktion in Zürich. Ich war überglücklich! Und weil Frauen im Wirtschaftsbereich selten waren, war ich für alle Themen zuständig, die irgendwie mit «Frau und Wirtschaft» zu tun hatten. Ich wurde Mitglied des European Women's Management

Development Network (EWMD), dessen Ziel es war, mehr Frauen in höhere Führungspositionen einzubinden und generell mehr «weibliche Führungsqualitäten» in das Topmanagement einzuführen.

Dieses wichtige Netzwerk gibt es bis heute, weil es – 35 Jahre nach der Gründung – offensichtlich noch immer gebraucht wird. Auf der aktuellen Website (30.04.2020) steht dazu: «EWMD setzt sich ein, die *Präsenz und Beteiligung von Frauen in höheren Positionen in Wirtschaft und Gesellschaft zu erhöhen. EWMD vertritt die Ansicht, dass ein Gleichgewicht von Frauen und Männern in verantwortungsvollen Positionen zum Unternehmenserfolg beiträgt und die Qualität der Führung und der Unternehmenskultur fördert.»*

Als Mitglied nahm ich während Jahren sehr gern an den regelmässigen Treffen des EWMD teil und fand dort einen regen Austausch mit Frauen in wichtigen Positionen, was mir sehr wichtig war, zumal ich im Arbeitsalltag fast ausschliesslich von Männern umgeben war. Dies galt weiterhin, als ich später (für ein Jahr) zur «Finanz und Wirtschaft» wechselte und nach einem weiteren Jahr zur «Handelszeitung». Meine Abschlussarbeit am MAZ war eine Recherche über Frauen im Verwaltungsrat, die man 1987 wie eine Stecknadel im Heuhaufen suchen musste. Im Topkader sah die Situation nicht besser aus. Mittlerweile hat sich die Situation leicht verbessert, doch ist es nicht ein Armutszeugnis, wenn die Politik Quoten vorschreiben muss, damit der Frauenanteil künftig vielleicht ein knappes Drittel betragen wird? «Börsenkotierte Firmen müssen sich künftig rechtfertigen, wenn sie weniger als 20 bis 30 Prozent Frauen auf den obersten Chefetagen haben. Dies hat nach dem Nationalrat nun auch der Ständerat beschlossen», schrieb Hansueli Schöchli am 19.06.2019 in der NZZ.

Bei der Handelszeitung wurde ab 1989 in Zusammenarbeit mit einem Forschungsinstitut jährlich eine Kadersalärstudie erhoben, für deren journalistische Begleitung ich zuständig war. Das Resultat änderte sich von Jahr zu Jahr nur wenig und immer galt: Je höher die Kaderstufe, desto höher der Lohnunterschied zwischen Frauen und Männern im Management. Obwohl Lohngleichheit mittlerweile im Gesetz verankert ist, bestehen weiterhin markante Unterschiede, zwar nicht mehr 30 % und mehr, doch immer noch relevant, wie das Bundesamt für Statistik (BfS) in seiner letzten Erhebung festhielt: «Je höher die Hierarchiestufe der Stelle, desto grösser fällt der geschlechterspezifische Lohnunterschied aus. So verdienten beispielsweise Frauen in Stellen mit hohem Verantwortungsniveau 8872 Franken brutto pro Monat, während Männer auf derselben Stufe 10 *893 Franken erhielten, was einer Differenz von 18,6 % entspricht. [...] 2018 sah die Verteilung der Frauen und Männer nach Lohnklassen folgendermassen aus: Bei Stellen mit einem monatlichen Bruttolohn von weniger als 4500 Franken lag der Frauenanteil bei 58,3 %. Im Gegensatz dazu waren 82,4 % der Stellen mit einem monatlichen Bruttolohn von über 16 000 Franken von Männern besetzt.»*[8]

In diesen Zahlen zeigt sich, dass sogenannte ‹Männerberufe› – vorwiegend in Banken, Versicherungen und in der Informatik – lohnmässig erheblich besser bewertet werden als ‹Frauenberufe› in den Bereichen Pflege, Detailhandel und Reinigung.

Während ich dies schreibe, befinden wir uns mitten in der Coronakrise (Mai 2020), und deutlicher denn je wurde in den letzten Wochen sichtbar, dass insbesondere Pflegeberufe, aber auch Berufe in der Produktion und im Verkauf von Lebensmitteln ‹systemrelevant› sind. Es bleibt zu hoffen, dass sich die mit Worten und Klatschen auf den Balkonen gezeigte Wertschätzung der Pflegefachfrauen nicht in Luft auflöst, sondern deren Löhne endlich und für immer auf ein angemessenes Niveau angehoben werden, das der unverzichtbaren Leistung am Menschen gerecht wird. Warum werden Finanzdienstleistungen so viel höher entlohnt als Dienstleistungen in der Pflege und im Verkauf? Natürlich hat es u. a. mit den Margen zu tun, die in den verschiedenen Branchen erzielt werden, doch wäre es nicht an der

---

8   https://www.bfs.admin.ch/bfs/de/home/statistiken/wirtschaftliche-soziale-situation-bevoelkerung/gleichstellung-frau-mann/loehne.html (04.11.20)

Zeit, neue Lohnmodelle zu entwickeln, die die ideelle Wertschätzung der errichteten Dienstleistung stärker gewichten als die pekuniäre? Stärker zu würdigen sind ausserdem Aus- und Weiterbildung, die insbesondere in der Pflege zeitintensiv und anspruchsvoll ist.

In den Jahren 1985 bis 1996 fand in Zürich das «Management-Symposium für Frauen» statt, worüber ich Jahr für Jahr für die Handelszeitung berichtete. Der Gründerin, Monique R. Siegel – mit erheblicher Unterstützung vonseiten der Zürcher Unternehmerin Rosmarie Michel – gelang es immer wieder, spannende Referentinnen aus dem In- und Ausland einzuladen. In engagierten Referaten ermutigten sie die Teilnehmerinnen, Führungsverantwortung zu übernehmen und entschieden eine Kaderstelle anzustreben. Neben dem oben erwähnten EWMD wirkten weitere Organisationen mit, in denen sich bestens ausgebildete Führungsfrauen über ihre Erfahrungen im Alltag austauschen konnten und können, zum Beispiel beim Business and Professional Women (BPW). Auch hier war ich mehrere Jahre Mitglied und redigierte in dieser Zeit (ehrenamtlich) das Verbandsbulletin für den BPW-Club Zürich.

Seit 2001 setzt sich das Netzwerk ‹femdat.ch› dafür ein, dass Frauen ihre Kompetenzen in Beruf und Gesellschaft einbringen können. Das oft gehörte Argument von männerdominierten Gremien, zum Beispiel «Wir hätten gern eine Frau in unserem Verwaltungsrat, doch wir fanden keine», wird widerlegt, sobald richtig gesucht wird. ‹femdat.ch› hat 2006 die Datenbank von hoch qualifizierten Frauen durch einen Stellenmarkt für Kader- und Fachkarrierestellen ergänzt, ist als Verein organisiert und versteht sich als «Frauenkarriereportal».

Eigentliche (politische) Schwergewichte sind die beiden überregionalen und überparteilichen Vereine «alliance F» und die «Frauenzentrale». alliance F wurde am 26. Mai 1900 in Bern als Bund Schweizerischer Frauenvereine gegründet (ab 1971 Bund Schweizerischer Frauenorganisationen, BSF, seit 2001 alliance F). Der Verein entstand auf Initiative der Leiterinnen von progressiven Schweizer Frauenrechtsvereinen aus den Städten Bern, Genf, Lausanne und Zürich. Er verbindet heute über 100 Organisationen sowie rund 500 Einzelpersonen, darunter aktive und ehemalige National-, Stände- und Bundesrätinnen.[9]

Die «Frauenzentrale» wurde am 3. August 1914 als Zentralstelle Frauenhilfe gegründet, als sogenannter ‹Mobilmachungsorder› der grossen Frauenverbände, in der die Frauen aufgefordert werden, sich in den Dienst der Heimat zu stellen. 1916 wurde sie in die «Frauenzentrale Zürich» überführt, deren Mitgliedschaft allen Frauen offensteht. Als gemeinnütziger Verein ist sie der grösste Dachverband von Frauenorganisationen im Kanton Zürich. «Die Frauenzentrale unterstützt, vernetzt und vertritt seit 1914 die Anliegen von Frauen in Politik, Arbeitswelt und Gesellschaft. Sie ist parteipolitisch unabhängig und konfessionell neutral. Sie vertritt die Interessen von Frauenvereinen, Frauenorganisationen, gemeinnützigen Institutionen, Frauensektionen der politischen Parteien, Berufsverbänden (ca. 130 Kollektivmitglieder) und von rund 1600 Einzelmitgliedern».[10]

Besonders aktiv erlebte ich die Frauenzentrale anlässlich der letzten Wahlen im Kanton Zürich, mit dem Aufruf, konsequent Frauen zu wählen. Mit Erfolg: Am 24. März 2019 wurden 73 Kantons- und vier Regierungsrätinnen gewählt. Seither sind die Frauen im Zürcher Regierungsrat in der Mehrheit. Am 20. Oktober 2019 wurden 16 Frauen ins nationale Parlament gewählt, darunter zahlreiche Mitglieder der Frauenzentrale. Und auf nationaler Ebene erreichten Frauen ein historisches Hoch von knapp 43 Prozent.

---

9   https://de.alliancef.ch/ueber-uns (04.11.20)
10 https://www.frauenzentrale-zh.ch/index.html?id=64 (04.11.20)

Noch lange nicht am Ziel

Trotz aller jahrzehntelangen Bemühungen der Frauenorganisationen und erheblicher Erfolge sind wir noch längst nicht am Ziel. Nach wie vor kommt es vor: Ob als Wirtschaftsredaktorin oder als Kaderfrau in einer Bank, einem Versicherungs- oder Handelsunternehmen und selbst in Non-Profit-Organisationen (NPO) werden Frauen, die in Männerdomänen eindringen, im besten Fall bewundert (aber vielleicht nicht sehr ernst genommen), im schlechtesten Fall in unterschiedlichen Härtegraden von subtil dümmlichen Bemerkungen bis hin zur aggressiv offenen Ablehnung diskriminiert. Die Frage, ob es im Jahr 2020 Frauenorganisationen, die sich für Gleichstellung einsetzen, wirklich noch braucht, erübrigt sich, wenn ich Artikel wie jenen im Tages-Anzeiger vom 30. April (2020!) im Porträt über Patrizia Laeri lese – eine hochprofessionelle Wirtschaftsredaktorin und Moderatorin –, die im «Blick» als «schöne TV-Frau» bezeichnet wurde oder im Internet immer wieder gegen Sexismus zu kämpfen hat. Politikerinnen, die im Rampenlicht stehen, geht es nicht besser, selbst in seriösen Medien kommt es vor, dass nach einem professionellen Auftritt einer Frau mehr über deren Kleidung und deren Frisur als über die Inhalte ihrer Aussagen gesprochen wird.

Bücher, wie «Wenn Frauen wollen, kommt alles ins Rollen» zum ersten Frauenstreiktag vom 14. Juni 1991 (Limmat Verlag), «Rückwärts und auf Stöckelschuhen» von Cheryl Benard, Edit Schlaffer (Heyne Sachbuch), «Ebenso neu als kühn – 120 Jahre Frauenstudium an der Universität Zürich» (Verein feministische Wissenschaft), sind nur gerade ein Bruchteil der in der Schweiz erschienenen Fachliteratur über die unglaublichen Hindernisse, die kluge Frauen auf ihren beruflichen Wegen zu bewältigen hatten. Speziell erwähnen will ich die Zürcherin Emilie Kempin-Spyri. Sie war die erste promovierte und habilitierte Juristin Europas, doch das Anwaltspatent wurde ihr wegen ihrer Forderungen nach Gleichberechtigung verweigert. Am 29. Januar 1887 wurde ihr Antrag u. a. mit der Begründung abgelehnt: «[...] ist diese Auffassung ebenso neu als kühn; sie kann aber nicht gebilligt werden». Die gerichtliche Laufbahn steht Frauen im Kanton Zürich erst seit 1962 offen (gleiche Quelle wie oben, feministische Wissenschaft, S. 178). Der engagierte Werdegang von Emilie Kempin-Spyri und ihr trauriges Ende wurden am 22. April 2015 an der Universität Zürich in einem eindrücklichen Dokumentarfilm mit dem Titel: «Emily Kempin – Europas erste Juristin» uraufgeführt.

Von grosser Bedeutung war für mich der zweite Frauenstreiktag am Freitag, 14. Juni 2019. Als ich mit einer Gruppe der Frauenzentrale Zürich an der Demonstration teilnahm, war ich überwältigt. Frauen aus allen Richtungen strömten herbei, es waren sicher über 100'000 Menschen. Alle waren friedlich, farbig, jung und alt, von der Stadtpräsidentin bis zur Grossmutter und zur jungen Bankerin und auch einige Männer mit Kinderwagen. Auf den Transparenten las ich Aussagen, wie : «Weiblich darf nicht weniger wert sein. Gleiche Arbeit, gleicher Lohn.» Ich war zutiefst berührt von dieser fröhlich-engagierten Stimmung. Was für eine Kraft! Jetzt musste endlich allen klar werden: Es gibt einfach keine Entschuldigungen mehr für die Diskriminierung der Frauen. Jetzt reicht's definitiv!

Das galt nicht nur für Zürich. Abertausende von Frauen hatten sich in vielen Städten der ganzen Schweiz mobilisiert, und über die Botschaft waren sich alle einig: Nicht nur die Lohngleichheit ist noch nicht umgesetzt, auch die Verteilung der bezahlten und unbezahlten Arbeit ist ungleich, und die Betreuung von Kindern und Betagten wird in ungleich grösserem Mass von Frauen ausgeführt. Immerhin zeigte dieser Tag Wirkung: Die Anzahl der Frauen in der Politik ist sowohl auf Bundes- als auch auf kantonaler Ebene zum Teil massiv gestiegen. In Bezug auf Löhne braucht es kreative Ideen, wie Pflegefachleute (mehrheitlich Frauen) und weitere systemrelevante Berufe in ein gerechteres Lohnsystem überführt werden können, das neben der professionellen, fachlichen Leistung auch die menschliche Wertschätzung berücksichtigt.

Filme zeigen Geschichten, und wenn deren Fakten mit der Realität übereinstimmen, dann beeindrucken sie auch Personen, die sich sonst weniger mit der Materie auseinandersetzen. Und deshalb will ich zwei weitere Beispiele erwähnen, die von historischer Bedeutung sind, zum Beispiel «Die göttliche Ordnung», ein schweizerisches Filmdrama von Petra Volpe über die Einführung des Frauenstimmrechts im Kanton Appenzell, der am 9. März 2017 in die Schweizer Kinos kam.

Viel gekämpft und ihr Ziel erreicht, Richterin zu werden, hat die US-Amerikanerin Ruth Bader Ginsburg. Die 86-jährige Demokratin wurde bis vor kurzem als «eines der gefürchtetsten Mitglieder des Supreme Court des US-amerikanischen Obersten Gerichts» bezeichnet. Ihr engagiertes Leben wurde im Film «On the Basis of Sex» aufgezeichnet. Wichtig zu erwähnen ist vielleicht, dass mit «Sex» im Filmtitel «Gender» gemeint ist.

Als Richterin hat sich Ruth Bader Ginsburg sowohl für Frauen als auch für Männer eingesetzt, die allein aufgrund ihrer Geschlechtszugehörigkeit juristisch diskriminiert wurden. Ich wünschte mir so sehr, dass sie noch lange leben und damit verhindern könnte, dass Präsident Trump sie mit einer konservativen, republikanischen Richterin ersetzt. Meine Hoffnung war vergeblich. Zu meinem grossen Bedauern ist Ruth Bader Ginsburg am 18. September 2020 verstorben. Eine erzkonservative Richterin wurde noch vor den Präsidentschaftswahlen eingesetzt.

Zurück zum Ausgangspunkt und zu Regines Aussage in Bezug auf Frauen- und Männerberufe: Es gibt selbstverständlich bemerkenswerte Fortschritte. Eine junge Frau kann Maurerin oder Lastwagenchauffeurin (Strassentransportfachfrau) mit EFZ-Abschluss werden, genauso wie ein junger Mann Kindergärtner oder Hebamme werden kann. Auf dem Papier stehen gemäss SBFI (Staatssekretariat für Bildung, Forschung und Innovation)[11] beiden Geschlechtern alle Berufe offen, und das Gesetz schreibt Gleichberechtigung und Lohngleichheit verbindlich vor, nur: In den Köpfen der Menschen stecken weiter-

---

11   https://www.becc.admin.ch/becc/public/bvz/beruf/showAllActive)

hin hartnäckige Vorurteile, und bis diese irgendwann flächendeckend und in allen Bevölkerungsteilen aufgelöst sein werden, braucht es vermutlich nochmals Jahrzehnte sowie zahlreiche Feminist*innen, die sich engagiert für Gleichstellung einsetzen. Deshalb ein Appell an junge Frauen und Männer: Bleibt dran!

Körperliche Grundkompetenzen und Gesundheit

Was ein Kleinkind alles lernen muss: gehen, greifen, hören und sehen

«Jedes Kind lernt laufen!», beruhigen Ärzte verunsicherte Mütter, wenn sie denken, dass das einjährige Mädchen eigentlich laufen sollte. Nun ja, einige sprechen früher, andere laufen früher als andere. Ich glaube, dass ich sprach, bevor ich gut laufen konnte, doch plötzlich ging es einfach. Dass mein Gleichgewichtsgefühl nicht so gut war wie bei anderen Kindern, merkte ich erst in der ersten Klasse, denn einen Kindergarten gab es in unserem Dorf nicht. Ich hatte deshalb keine Vergleichsmöglichkeiten und machte mir keine Gedanken darüber.

Im Turnunterricht merkte ich später, dass ich einen zugeworfenen Ball nur selten fangen konnte, und ich schämte mich dafür. Je mehr ich mich anstrengte, desto schlechter konnte ich Bälle fangen und in eine bestimmte Richtung weiterwerfen. Bei Ballspielen wurde ich immer als Letzte gewählt.

In unserem Landgasthof, wo ich am Sonntag nach der Messe beim Apéro mithelfen musste, stand ich lieber am Buffet als im Service. Beim Einschenken des Weins war meine rechte Hand zittrig. Hansjörg, ein alter Mann, pflegte zu sagen: «Meitli, du muesch halt zerscht an Schnaps trinke wie ich, dann zitterst du nicht mehr.» Das liess ich bleiben.

Ich erinnere mich an eine Episode in der dritten Sekundarschule als wir einen Lampenschirm mit Bast bekleiden mussten. Er fiel mir so oft aus den Händen, und ich verzweifelte fast, bis mir eine Schulkollegin anbot, es für mich zu tun. Dafür löste ich ihre Rechenaufgaben.

Ich hatte keine Probleme, einen Nagel einzuschlagen und gröbere Arbeiten zu verrichten, doch bei Nähen, Stricken und allen Arbeiten, die Geschicklichkeit und Feinmotorik erfordern, versagte ich. Ich war froh, dass mein Kopf recht gut funktionierte, und somit konnte ich auch immer einen Ausgleich finden, dass Leute für mich Manuelles verrichteten und ich dafür eine Schreibaufgabe, schwierige Telefonate oder Ähnliches übernahm. Jahrzehnte später lernte ich Tai-Chi und Yoga, und siehe da, mindestens hinsichtlich meines Gleichgewichts machte ich gewisse Fortschritte.

Eine späte Erklärung

Als ich 1952 geboren wurde, wunderte sich meine Mama über einen grossen, braunen Flecken über meiner rechten Brust sowie ein paar kleinere Flecken am Rumpf. Diese Hautstücken schmerzten nicht, sie fühlten sich an wie die restliche Haut, und der Arzt beruhigte meine Mutter: «Das nennt man ‹Café-au-lait-Flecken›, doch es hat nichts zu bedeuten.»

Ich wuchs heran, und die Flecken passten sich kontinuierlich meiner Körpergrösse an. Alle zwei bis drei Jahre brachte mich Mama zu einem Kinderarzt, und jedes Mal kam die Beruhigung, dass es nicht weiter schlimm sei. Mit der Pubertät kamen die ersten Fibrome, und mit 18 ging ich erstmals zu einem Dermatologen. Der fand meine Haut ‹interessant› und bat mich, für medizinische Recherchen ein Foto machen zu dürfen. Eine Erklärung für meine Flecken und Fibrome erhielt ich allerdings nie, nur die Aussage: «Machen Sie sich keine Sorgen, ein Gentleman schaut darüber hinweg.» Am liebsten hätte ich ihn geohrfeigt. Über mein mangelndes Gleichgewichtsgefühl und meine Ungeschicklichkeit äusserte ich mich nicht, denn ich sah keine Verbindung zu meinem Hautbild. Die Jahre flossen dahin, jedes Jahr kamen ein paar Fibrome mehr dazu, ansonsten fühlte ich mich kerngesund und voller Energie.

Und dann das: Es war 1987. Ich las abends im Bett den ‹Beobachter›, und da war es, das Bild von einem erwachsenen Mann mit vielen braunen Flecken und Fibromen. Dazu ein langer, ausführlicher Artikel zum Thema Neurofibromatose NF Typ 1[12]. Ich war augenblicklich zu 100 % überzeugt: Das ist meine Krankheit, ich habe Neurofibromatose. Mit dem Schlafen war es für diese Nacht vorbei. Am frühen Morgen meldete ich mich beim Autor dieses Artikels, Dr. Eugen Boltshauser, tätig am Zürcher Kinderspital, und bat ihn um einen Termin. Er untersuchte mich gründlich und bestätigte meine Selbstdiagnose. Ja, ich bin eindeutig von NF 1 betroffen, einer Erbkrankheit, dominant vererbbar, wobei es sich bei mir um eine Genmutation im embryonalen Zustand handelte; meine Eltern waren nicht betroffen.

Und was jetzt? Mit 35 Jahren erfuhr ich erstmals von meiner Erbkrankheit. Zum Glück hatte ich schon als Teenager gewusst, dass ich nie selbst Kinder auf die Welt setzen wollte. Ab dem Alter von 20 Jahren habe ich regelmässig bei verschiedenen Ärzten um eine Sterilisation gebeten, was immer wieder abgelehnt wurde. Erst 1984 nahm eine Gynäkologin diesen Eingriff vor, ohne dass sie von meiner NF wusste. Die medizinische Berechtigung kam erst drei Jahre nach der Sterilisation. Ein Vorteil der Diagnose NF: Endlich hatte ich eine Erklärung für mein körperliches Anderssein, nicht nur die Fibrome und braunen Flecken, sondern eben auch das mangelhafte Gleichgewicht, die feinmotorischen Störungen. Ich habe gelernt, damit zu leben, und muss mich glücklich schätzen, dass ich nur eine leichte Form erwischt habe und zumindest das Gesicht kaum davon betroffen ist. Dennoch: Wie sehr hätte ich mir gewünscht, einmal im Leben eine perfekte Haut zu haben!

---

12   Die Neurofibromatose Typ 1 (kurz: NF1), auch Von-Recklinghausen-Krankheit, Morbus Recklinghausen oder periphere Neurofibromatose, ist eine autosomal-dominant und monogen vererbte Multiorganerkrankung.

Wie umgehen mit Erbkrankheiten?

Hätte es Gentests schon um 1952 gegeben, würde ich vermutlich diese Zeilen nicht schreiben. Wäre meine Mutter heute mit mir schwanger, würde man ihr wohl zur Abtreibung raten. Gut, dass meine Eltern diese Entscheidung nicht treffen mussten und wir alle keine Ahnung von NF hatten. Ich durfte ohne Vorurteile zur Welt kommen und lebte dreieinhalb Jahrzehnte ohne geringste Ahnung um meine Erbkrankheit. Im Nachhinein bin ich sogar froh, nicht zu früh mit der Diagnose NF und deren potenziellen Folgen konfrontiert worden zu sein. Mit dem Wissen im Kopf, welche Folgen eine NF1 haben könnte, hätte ich mein junges Leben – trotz der erwähnten kleinen Einschränkungen – nicht so unbeschwert erlebt. Meine frühe Entscheidung zur Sterilisation war eine reine Vernunftüberlegung. Schon sehr früh beurteilte ich die Chancen jener Menschen, die nach 1970 in diese Welt hineingeboren wurden, mit einem wachsenden Pessimismus, ob mit oder ohne Erbkrankheit. Ausserdem wächst die Bevölkerung schnell genug, es müssen nicht alle Frauen zu deren Vermehrung beitragen.

Für jene, die sich allen widrigen Umständen zum Trotz für Kinder entscheiden, stellt sich indes die Frage: Ja oder nein zum Schwangerschaftstest, und, wenn negative Erbfaktoren vorhanden sind, ja oder nein zur frühzeitigen Abtreibung? Als potenzielle Mutter übernehme ich die Verantwortung, ob ein neuer Mensch durch mich existieren soll oder nicht. Bevor ein Mensch selbst entscheidungsfähig ist, ob er sein Leben – so wie es eben ist – annehmen will oder nicht, entscheiden andere für ihn.

Und diese Entscheidung ist enorm! Sie setzt den Massstab, unter welchen Umständen ein Leben sinnvoll sein kann oder eben nicht. Aber können wir das so genau für andere wissen? Kann ich behaupten, dass das Leben eines Kindes mit Trisomie 21 sinnloser ist als jenes eines Athleten oder Beamten? Müssen denn in unserer Gesellschaft alle effizient funktionieren? Und: Funktionieren überhaupt alle ‹Gesunden› effizient?

Mich als Embryo hatte die Wissenschaft zum Glück noch nicht entdeckt. Meine Mutter musste nicht entscheiden. Ich war ein Wunschkind, obwohl ich etwas später eintraf, als geplant. Spätestens während meines Französischstudiums versuchte ich – als vom Existenzialismus stark beeinflusster Mensch –, meinem Leben Sinn zu geben. Daran hat sich bis heute nichts verändert.

Mein Gesundheitsbewusstsein

Zu Beginn empfand ich die Diagnose meiner Erbkrankheit zeitweise als Kränkung. Bis dahin fühlte ich mich glücklich, ja, sogar stolz in der Überzeugung, ein rundum gesunder Mensch zu sein. Ich war nie ernsthaft krank, und die meist mild verlaufenden, winterlichen Erkältungen hielten mich nie davon ab, zur Arbeit zu gehen. Ich vermute, dass ich bis 1987, in rund 20 Jahren Erwerbstätigkeit, weniger als zwei Wochen am Arbeitsplatz fehlte, wobei eine Woche davon auf eine Halsmandeloperation ging. Und: Ich konnte ziemlich arrogant gegenüber Kolleg*innen sein, die sich öfter krank meldeten. Oft hatte ich einen leisen Verdacht, dass sie etwas faul oder zu wenig engagiert waren. Ich glaubte ernsthaft, dass man weitgehend verhindern könne, krank zu werden, und ich überlegte mir nie auch nur im Geringsten, welche Ursachen hinter häufigen Abwesenheiten stecken konnten.

Heute, 33 Jahre später, denke ich zwar immer noch, dass ein Individuum mit entsprechender mentaler Einstellung, mit gesundem Essen und viel Bewegung viel zur eigenen Gesundheit beitragen kann. Für mich heisst das seit bald 30 Jahren: Kein Fleisch, keinen Fisch, sehr viel Gemüse, Obst und viele Nüsse und möglichst viel Protein, das ich vor allem mit Tofu, Hülsenfrüchten, Eiern, Quark und Käse zu mir nehme. Jeden Morgen, ausser sonntags, trainiere ich eine halbe Stunde auf meinem Minitrampolin und mache einige gezielte Turnübungen, ausserdem gehe ich jeden Tag für mindestens eine halbe Stunde an der frischen Luft spazieren. Vorträge in der Klinik für Geriatrie am Zürcher Universitätsspital bestätigten meine Auffassung, dass ich – für mich – das Richtige tue.

Dennoch: Heute ist mir bewusster denn je, dass wir nicht alles steuern können. Eine Vielzahl von Menschen ist oder wird unverschuldet krank oder sogar schwer krank, unzählige Menschen leiden über Jahre hinweg an schweren Krankheiten, ohne dass die Medizin viel für sie tun kann. Viele hatten und haben gar nicht erst die Chance, in ausreichendem Mass für sich selbst zu sorgen, nicht hier in der Schweiz, geschweige denn in ärmeren Ländern.

Ich wünsche mir eine Medizin, die sich stärker für die rasche Heilung von häufigen Krankheiten einsetzt, statt zig Millionen in die Forschung von äusserst seltenen Gebrechen zu investieren. Es sollte nicht das Ziel sein, ultrateure Medizin zu produzieren, von deren hohen Margen primär die Investoren profitieren. Doch hier gerate ich in eine Kritik des Gesundheitssystems, das nicht Thema meiner Biographie ist.

Das Coronavirus 2020

Während ich dies schreibe (März 2020), befindet sich die Welt mitten in der Coronakrise. Die behördlichen Massnahmen wurden von Tag zu Tag strenger, Schulen und Universitäten wurden geschlossen, kulturelle und sportliche Anlässe abgesagt, zuerst nur Grossveranstaltungen, doch später selbst Treffen im kleinsten Rahmen. Ausser Apotheken und Lebensmittelgeschäften blieben alle Geschäfte geschlossen, auch alle Dienstleistungen wie Coiffeuse, Körperpflege, Physiotherapie, ja, selbst zum Zahnarzt sollte man nur in dringenden Fällen gehen. Und sogar der öffentliche Verkehr (ÖV) wurde zum Teil massiv eingeschränkt.

Das gesellschaftliche Leben steht still, dafür trudeln WhatsApp-Nachrichten fast im Minutentakt von verschiedenen Seiten ein. Es ist schwierig, sich dem zu entziehen, weil Reaktionen erwartet werden. Menschen über 65 werden als Risikogruppe bezeichnet, sie dürfen nicht einmal ihre Enkelkinder betreuen, was angesichts der geschlossenen Schulen erst recht wichtig wäre, um die Eltern zu entlasten. Erwerbstätige sollen – wenn immer möglich – im Homeoffice ihre Arbeit erledigen, was nicht leicht sein dürfte, zumal bisher nur ein Bruchteil der Firmen ihren Angestellten diese Möglichkeit angeboten hatte, und dies selbst dann nicht, wenn es sich zum grössten Teil um Arbeit am Computer handelt. Bereits jetzt ist erkennbar, dass die Wirtschaft einen riesigen Einbruch erleben wird, und im Moment ist ein Ende der Coronakrise noch nicht absehbar.

In den Sommermonaten und bis anfangs Herbst wurde Vieles gelockert, doch ab Ende Oktober nahmen wegen einer massiver Steigerung der Corona-Infizierten die Einschränkungen im geschäftlichen und kulturellen Leben wieder zu

Politisch befinden wir uns in einer «ausserordentlichen» Situation das, heisst, der Bundesrat kann kurzfristig Gesetze erlassen, die die persönliche Freiheit stark einschränken und dies unter Androhung von Bestrafung, wenn beispielsweise das Ausgehverbot und/oder die Maskenpflicht nicht eingehalten werden.

Bisher hatte und habe ich keine Angst um mich, doch die Ungewissheit beunruhigt mich. Niemand weiss, wie lange diese Krise noch dauern kann, wie sehr dadurch die Wirtschaft und das kulturelle Leben geschädigt wird und was die langfristigen Folgen für unsere Gesellschaft sein werden. Vielleicht wird bald eine Zeit kommen, in der wir lernen, mit einer ‹Normalität› zu leben, was auch immer das heissen mag. (04.11.20).

Goethe zum Thema «Eigentum»:

«Ich weiß, dass mir nichts angehört
als der Gedanke, der ungestört
aus meiner Seele will fließen,
und jeder günstige Augenblick,
den mich ein liebendes Geschick
von Grund aus lässt genießen.»

Johann Wolfgang von Goethe
deutscher Dichter

* 28.08.1749, † 22.03.1832

Buddhismus als Lebensphilosophie

Freiwillige Askese macht glücklich

Ob Vegetarismus oder Buddhismus: Vom Wissen zur Umsetzung in meinem Alltag brauchte ich über zehn Jahre. An der Maturitätsschule für Erwachsene (Akad) erhielt ich 1980 erstmals die Information über den ungeheuren Verschleiss von Kalorien und Ressourcen, wenn man zuerst Tiere ernähren muss, damit sie von Menschen gegessen werden können. Dies wurde allein als ökonomisches Problem vermittelt; Ökologie und Ethik waren damals diesbezüglich noch kein Thema. Ich nahm die Information zur Kenntnis, ohne dass sie mich weiter beschäftigt hätte. Heute gibt es dazu regelmässige Informationen in den Medien, nicht zuletzt im Zusammenhang mit der Verringerung von CO_2. Auf der Website von «Brot für die Welt» lese ich zum Beispiel: «Unsere Ernährungsweise hat also einen wesentlichen Einfluss auf das Klima. Die Treibhausgase der Ernährung mit sehr viel Fleisch liegen bei ungefähr 6.700 kg CO2-äq (CO2 Äquivalente) im Jahr, während eine vegetarische Ernährungsweise lediglich bei 1.220 kg CO2-äq liegt.» Einen höchst informativen Überblick über die Folgen des Fleischkonsums liefert die Website Brot für die Welt.[13]

Zur Umstellung auf vegetarisches Essen kam ich 1989 nach einem Aufenthalt in der Heilfastenklinik Buchinger in Überlingen am Bodensee. Alle Ärzt*innen waren nebst der obligaten universitären Schulmedizin für diverse alternative Heilmethoden ausgebildet. An abendlichen Vorträgen informierten sie uns sachlich und sympathisch – ohne jemals sektiererisch zu werden – über die gesundheitlichen Vorteile des zeitweisen Fastens und vegetarischen Essens. Während des Aufbaus (nach dem Fasten) erlebte ich dort erstmals, wie vielfältig und köstlich vegetarisches Essen sein kann. Ich beschloss einen sanften Einstieg und ass fortan maximal dreimal pro Woche Fleisch oder

---

13 https://www.brot-fuer-die-welt.de/fileadmin/mediapool/2_Downloads/NIFSA/
     NIFSA_Kampagnenblatt_Fleischkonsum.pdf

Fisch, später nur noch, wenn ich bei meinen Eltern oder sonst wo auf Besuch war. Da ich gern Eier und Käse esse, war es einfach, zumindest den Proteinbedarf zu decken. Dennoch dauerte es rund zwei Jahre, bis ich mich zu 100 % von Fleisch und Fisch verabschiedete. Zu Beginn der 1990er Jahre war es noch relativ schwierig, in Lebensmittelgeschäften spezifische und vor allem leckere Vegiprodukte zu finden, geschweige denn vegane, doch das Angebot besserte sich von Jahr zu Jahr. Heute ist das Angebot enorm, und ich kann mir nicht vorstellen, jemals wieder Fleisch oder Fisch zu essen.

Über den Buddhismus lernte ich ziemlich viel, als ich 1978 in Bangkok für rund acht Monate jede Woche mindestens einmal die sogenannte Tempeltour begleitete. Zu meinen Informationspflichten gehörte das Wissen über das Leben Buddhas sowie die verschiedenen Symbole, die ich in den drei buddhistischen Tempeln zu erklären hatte. Der Buddhismus faszinierte mich auf Anhieb, zu Beginn vor allem wegen der immensen Diskrepanz zwischen dem friedlich meditierenden Buddha und dem gequälten Jesus am Kreuz. Philosophisch passte der Buddhismus perfekt zu meinem überzeugten Prinzip der Selbstverantwortung. Es braucht keinen Priester, den ich um die Absolution von Sünden bitten muss, und schon gar keinen Papst in Rom mit seinem unglaublich hierarchischen Gebilde im Vatikan. 1985 bin ich aus der katholischen Kirche ausgetreten, und der damals zuständige Pfarrer in meinem Quartier gab mir in allen Punkten meiner Begründungen über die Missstände mit dem hierarchischen System im Vatikan Recht.

In Bangkok überzeugte mich die Friedlichkeit des Buddhismus, da die Buddhisten – im Gegensatz zu den Christen – keine Kreuzzüge und auch keine Religionskriege zu verantworten hatten. Erst viel später wurde mein Idealbild von friedlicher Religion getrübt, als der gewalttätige Umgang der Buddhisten in Burma mit den muslimischen Rohingya im westlichen Rakhaing-Staat bekannt und dies sogar von der Friedensnobelpreisträgerin Aung San Suu Kyi geduldet wurde. Blutige Konflikte mit den Karen und Shan gab es bereits früher.

Dennoch: Die buddhistischen Weisheiten überzeugen mich. Es gibt keinen Himmel, der einem bei guter Lebensführung nach dem Tod in einen dauerhaften Wonnezustand versetzen soll – stattdessen gibt es das Nirwana, das den Zwang der Wiedergeburt für immer auflöst und damit auch jeden Seinszustands. Ausgehend von der Tatsache, wie viel Leid das Leben auf dieser Welt verursacht, ist – für mich – das Streben, irgendwann das Nirwana zu erreichen, ein sinnvoller, vernünftiger Weg. Der Buddhismus ist eine der grossen Weltreligionen, für mich die einzige, die mich überzeugt, weil die Lehren auf umfangreiche philosophisch-logische Überlegungen beruhen.[14]

Der Dalai Lama und weitere buddhistisch-spirituelle Lehrpersonen

Wer jemals dem Dalai Lama anlässlich seiner Besuche in Zürich oder anderswo begegnet ist, weiss um seine Ausstrahlung, seine Weisheit, sein Mitgefühl für alles Lebende und seinen unerschütterlichen Einsatz für eine friedlichere Welt. Und, was wie bei allen grossen buddhistischen Lehrern immer wieder auffällt, ist ihr ausgesprochener Sinn für Humor. Es gibt wunderbare kurze buddhistische Geschichten, die gleichzeitig eine Weisheit enthalten und immer ein Schmunzeln auslösen. Ein persönlicher Wegbegleiter war für mich über viele Jahre hinweg der US-Amerikaner Jack Kornfield. In seinem Buch «Frag den Buddha und geh den Weg des Herzens» bringt er auf fröhliche und einzigartige Weise die fernöstliche Weisheit mit dem westlichen Alltag in Einklang.

Viel gelernt habe ich ebenfalls in dem Buch «Die Stimme des Zwielichts – die Stimme der inneren Weisheit» der buddhistischen Psychotherapeutin Ulli Olvedi. Für die Autorin bedeutet Spiritualität Freiheit und über Freiheit ist in diesem Buch mehrmals die Rede. Und wie ein roter Faden zieht sich die Selbstverantwortung durch das ganze Buch. Niemand – auch nicht in den Klöstern – wird zu einer Retraite, zu einer

---

14 https://de.wikipedia.org/wiki/Buddhismus

Meditation in der Dunkelheit oder zu sonst etwas besonders Schwierigem gezwungen, allein das Individuum entscheidet, wann es zu einem derartigen Schritt bereit ist. Das Schöne daran ist, dass es sich vertrauensvoll auf Unterstützung verlassen kann, falls es sie bräuchte. Doch auch hier besteht Freiheit: Das Individuum entscheidet, ob es Hilfe annehmen will oder nicht. Es genügt, zu wissen, dass es sie gibt.

Wichtig ist mir zudem das Thema <Wachsein>. Ich stelle mir die Fragen: Wie wach bin ich? Bin ich überhaupt wach? Wann bin ich wach? Wie spüre ich, ob ich wach bin? Was kann ich tun, um wacher zu sein? So genau weiss ich das nicht. Aber ich denke, dass es mit Achtsamkeit zu tun hat. Vielleicht auch mit nicht wertender Selbstwahrnehmung? Bin ich wach, wenn ich in der Metaposition neben mir herlaufe? Oder wenn es mir gelingt, mich von oben zu betrachten und mein momentanes Verhalten zu reflektieren?

Im Buddhismus gibt es keine absolute Wahrheit. Alles ist relativ (wie in der Physik). Alles hängt von der momentanen Situation, vom Betrachter, von der Betrachterin ab. Er/sie gestaltet die eigene Wirklichkeit. Regeln dürfen überschritten werden, wofür die Voraussetzung ist: Es muss in vollem Bewusstsein (im Wachsein) geschehen, und allein das Individuum übernimmt die Verantwortung für die Folgen.

Trotz meiner Affinität zum Buddhismus bin ich nie einer religiösen Gemeinschaft beigetreten. Es braucht weder Kirche noch Tempel, um ein spiritueller Mensch zu sein. Es ist die Ethik, die mich leitet, und mein freier Wille, alle Menschen zu respektieren und unserer Mitwelt so wenig wie möglich zu schaden. Kants kategorischer Imperativ «Handle so, dass die Maxime deines Willens jederzeit zugleich als Prinzip einer allgemeinen Gesetzgebung gelten könne» hat mich schon früh inspiriert, und heute sind es die Vernunft und die Empathie, die mein Streben beflügeln, ein ‹guter Mensch› zu sein. Das heisst nicht, dass ich keine Fehler mache, doch es liegt in meiner eigenen Verantwortung, diese zu korrigieren und die Betroffenen um Verzeihung zu bitten. Regelmässige Meditation und Achtsamkeit unterstützen mich darin.

Wirtschaft quo vadis

Vernünftiges Wirtschaften ist möglich

Bis zu meinem 18. Lebensjahr bin ich bei meinen Eltern und mit meinen Geschwistern in einem Gastgewerbebetrieb aufgewachsen, also in einer ‹real existierenden Wirtschaft›. Diese Herkunft prägt bis heute meine grundlegende unternehmerische Haltung. Wirtschaften heisst für mich: Mit Engagement und Professionalität eine erstklassige Dienstleistung erbringen und damit ausreichend Geld verdienen, um alle Kosten zu decken, wozu Pacht, Material, Produktion, Löhne und Lebenskosten der Familie zählen. Zusätzlich muss für schlechte Zeiten und für Investitionen ein Gewinn erwirtschaftet werden. Meine Eltern lebten sparsam, doch sie waren niemals knausrig. Die Angestellten wurden fair behandelt. Auch die Aushilfen, die an Hochzeitsessen für einige Stunden im Service eingesetzt wurden, erhielten einen anständigen Stundenlohn und nach der Arbeit ein reichliches Abendessen mit Wein. Weil es oft sehr spät wurde, brachte sie mein Vater im Auto nach Hause.

Die Mitarbeit der Kinder ist in einem Landgasthof sozusagen zwingend, doch auch wir erhielten von Anfang an einen Stundenlohn. Über unsere Einkünfte und Ausgaben mussten wir Buch führen. Ich höre noch heute die Stimme meines Vaters: «Die Ausgabenseite darf nie höher sein als die Einnahmenseite!» Ich hielt mich immer daran.

Wir vier Kinder bekamen von unseren Eltern eine grosszügige Grundhaltung vermittelt, die selbst bei niedrigem Einkommen möglich ist. Geben ist wichtiger als Nehmen. Meine Eltern wurden nicht reich, doch dank sorgfältigen Wirtschaftens konnten sie sich für den Lebensabend ein kleines Haus im Dorf bauen, das bis zu ihrem Lebensende auch uns als Erwachsene zu jedem Zeitpunkt ein eigenes Zimmer bot. Nach dem Tod meiner Eltern erbten wir vier Kinder das Haus und je rund Hunderttausend Franken. 1993 war das viel Geld. Mir ermöglichte es, in Zürich eine 2,5-Zimmer-Wohnung zu kaufen, die zu diesem Zeitpunkt und infolge einiger Besonderheiten gerade ausgesprochen günstig war. Dieser Kauf ermöglichte es mir, meine Wohnkosten mehr als zu halbieren, was angesichts meiner mehrheitlich geringen Löhne sehr wichtig war und ist. Reichtum war für mich nie ein Ziel, doch es bedeutet mir viel, bis heute in den eigenen vier Wänden zu leben. Finanzielle Unabhängigkeit ist und war mir seit jeher sehr wichtig.

Im Wirtschaftsjournalismus viel gelernt

Bis zum Einstieg in den Wirtschaftsjournalismus im Jahr 1985 kümmerte ich mich kaum um Wirtschaftspolitik und schon gar nicht um Finanzmärkte. Erst als ich im Zusammenhang mit meinem Berufswechsel die Kaderschule Zürich besuchte, erhielt ich einen vertieften Einblick in Betriebs- und Volkswirtschaftslehre, wobei mich primär die Volkswirtschaft faszinierte Damals wurde eine «ökologisch-soziale Marktwirtschaft» gelehrt und an die Verantwortlichkeit der Unternehmensleitung für ethisches Handeln appelliert. So wurde beispielsweise an der damaligen Handelshochschule St. Gallen (HSG, später die Universität St. Gallen) das «St. Galler Management-Modell» (SGMM) gelehrt. Dessen Begründer war der Wirtschaftswissenschaftler Hans Ulrich, ein Wegbereiter der systemorientierten Managementlehre im deutschsprachigen Raum. In den 1980er Jahren entstand daraus ein integratives und interdisziplinäres Modell, das Entwicklungsprozesse hervorhob, darüber hinaus die Interaktion mit Umwelt und Stakeholdern betonte und stärker auf Kommunikation ausgerichtet war.

Später übernahm das Malik Management Zentrum St. Gallen das SGMM und entwickelte es weiter. In Weiterbildungen bei Fredmund Malik konnte ich mein Wissen vertiefen und weiterentwickeln. Mit diesem Hintergrund wirkte ich als Wirtschaftsjournalistin und kritisierte, wann immer möglich, Unternehmen, die ihre Verantwortung gegenüber Mensch und Umwelt vernachlässigten, wenn nicht ganz ignorierten. Auf ‹meinen› Managementseiten bei der Handelszeitung beschrieb ich ab 1989 regelmässig Unternehmensmodelle – soweit möglich anhand konkreter Firmen –, die den Ansprüchen des SGMM genügten und damit erfolgreich waren.

Vornehme Zurückhaltung bezüglich Unternehmenszahlen

In den 1980er Jahren waren selbst börsenkotierte Unternehmen nicht verpflichtet, ausführlich über ihr unternehmerisches Wirken, geschweige denn über ihre Geschäftszahlen zu berichten. Einmal im Jahr wurden die Wirtschaftsjournalisten und zwei Wirtschafts-journalistinnen zur Bilanzpressekonferenz eingeladen, die für uns ein Ereignis war. Der Geschäftsbericht vermied Details über die sprich-wörtlichen «stillen Reserven», die Finanzdirektoren und Verwaltungs-ratspräsidenten hüllten sich in vornehmes Schweigen, vinkulierte Aktien waren ein Selbstverständnis und wurden nur selten infrage gestellt. Die Fragen der Journalist*innen wurden höflich gestellt und öfter nichtssagend beantwortet. Oft erhielt man über Banken und Börsenspezialisten eine aussagekräftigere Auskunft als direkt von der Geschäftsleitung. Der Begriff ‹Shareholder› war ungebräuchlich, man sprach schlicht von Aktionären. Noch etwas später tauchte der Begriff ‹Stakeholder› auf, doch dessen Verwendung war noch selte-ner, denn nur wenige thematisierten, dass ein börsenkotiertes Unter-nehmen nicht nur gegenüber den Shareholdern Verantwortung zu tragen hat, sondern auch gegenüber anderen Stakeholdern, also den Mitarbeitenden sowie den Vertreter*innen des politischen und öko-logischen Umfelds.

Einige Ereignisse bleiben mir aus dieser Zeit in lebhafter Erinnerung: Der Verwaltungsratspräsident eines Grossunternehmens, der mir in einer Bilanzpressekonferenz, in der ich – wie so oft – die einzige Frau war, mit paternalistischer Freundlichkeit anbot, ich dürfe ihn beim Apéro (das oft Bestandteil einer Pressekonferenz war) gern anspre-chen, falls ich nicht ganz alles ganz verstanden hätte. Schade, dass ich keine faule Tomate dabeihatte. Zum Glück nahm in den Folgejahren der Anteil der Frauen im Wirtschaftsjournalismus stetig zu.

Ein historisches Grossereignis war die Pressekonferenz der BBC in Baden, als am 10. August 1987 die Fusion zwischen der BBC und der schwedischen Asea zur ABB verkündet wurde. Eine Fusion dieser Grösse hatte es in der Schweiz noch nie gegeben. Von Percy Barnevik, dem designierten CEO der fusionierten Gesellschaft, waren alle begeistert, er war der Held der Stunde. Seine Gier nach Millionenboni war zu diesem Zeitpunkt noch nicht erkennbar.

Der grösste Börsencrash seit 1929

Den Kontrapunkt der sensationellen Fusion zur ABB bildete am 19. Oktober 1987 der weltweite Börsencrash. Bis zu diesem Zeitpunkt glaubte ich aufgrund meiner in der Kaderschule erworbenen theoretischen Finanzkenntnisse, die Anleger verhielten sich rational. Welch ein Irrtum! Der Tumult an der Zürcher Börse (die damals noch ‹à la criée› funktionierte) löste bei den Anlegern ein emotionales Erdbeben aus. Sie konnten sich nicht schnell genug von ihren Aktien trennen und hatten völlig vergessen, dass die Aktienkurse dadurch noch schneller sanken. Die Händler schrien sich heiser, einige weinten, fuchtelten mit den Händen in der Luft herum, als ob dies etwas ändern würde. Ich konnte darüber nur den Kopf schütteln, denn mir war immer klar: Wer spekuliert, muss auch mit Verlusten rechnen.

Wikipedia schreibt zu diesem Ereignis: «Der Schwarze Montag am 19. Oktober 1987 war der erste Börsenkrach nach dem Zweiten Weltkrieg. Der Dow Jones fiel innerhalb eines Tages um 22,6 % (508 Punkte); dies war der größte prozentuale Rückgang innerhalb eines Tages in dessen Geschichte. Der Sturz breitete sich schnell auf alle wichtigen internationalen Börsen aus. Bis Ende Oktober fielen die Börsenkurse in Australien um 41,8 %, in Kanada um 22,5 %, in Hongkong um 45,8 % und in Großbritannien um 26,4 %. Dem Crash gingen keine einschneidenden Ereignisse voraus! Bis heute ist umstritten, welche Faktoren zu diesem Börsencrash führten. Der Begriff ‹Schwarzer Montag› lehnte sich an die Bezeichnung ‹Schwarzer Donnerstag› für den New Yorker Crash vom 24. Oktober 1929 an, der die Weltwirtschaftskrise einleitete.»[15]

Zugegeben: Der Dow Jones hatte sich seit 1985 nahezu verdoppelt; im August 1987 mehrten sich indes verschiedene Anzeichen für ein Ende der Hausse und erste Professorenstimmen warnten, dass Aktienkurse nicht ewig steigen können. Aber welcher Spekulant wollte das schon hören, wenn die Kurve schon so lange nach oben zeigte. Wir von der Presseagentur berichteten nüchtern über die Fakten, die nach und nach bekannt wurden. Ich bin ziemlich sicher, dass niemand von uns Aktien besass. Später, als ich für die Finanz und Wirtschaft (F+W) arbeitete, erfuhr ich von Kollegen, dass sie beim Crash ihr gesamtes Vermögen verloren hatten. Einer hatte sich sogar mit dem Vermögen seiner Mutter verspekuliert und auch dieses verloren. Vielleicht klingt das etwas hart, doch ich hatte wenig Mitgefühl für ein derartig unvernünftiges Verhalten, und dieses floss denn auch in meinen ersten und einzigen Versuch ein, einen Börsenbericht zu schreiben. Darin mokierte ich mich über die Spekulanten.

Ungebremstes Wirtschaftswachstum

Die Wirtschaft erholte sich schnell, Unternehmensumsätze und Gewinne stiegen an und damit auch wieder die Börsenkurse. Ab 1988 arbeitete ich für die damalige Schweizer Handelszeitung, und bei der jährlichen Liste der grössten Unternehmen konnte ich verfolgen, wie einige beim Umsatz die Milliardengrenze überschritten. Jedes Jahr kamen einige dazu, nicht nur börsenkotierte Finanz- und Industrieunternehmen, sondern bald auch Genossenschaften wie die COOP und

---

15 https://de.wikipedia.org/wiki/Schwarzer_Montag (04.11.20)

die Migros. Mir wird bis heute etwas schwindlig, wenn von Hunderten von Milliarden Franken die Rede ist.

Ich will und kann nicht eine vollständige Schweizer Wirtschaftsgeschichte schreiben, sondern nur mit ein paar persönlichen Erfahrungen aufzeigen, wie schnell die Entwicklung zu immer mehr Grösse erfolgte. Um die Jahre 1996/1997 entstanden die ersten Internetfirmen, die an die Börsen drängten. Einigen gelang es, innert kürzester Zeit eine höhere Börsenkapitalisierung zu erreichen als 100-jährige Industrieunternehmen, und dies ohne greifbaren Gegenwert. Viele von ihnen verschwanden so schnell, wie sie gekommen waren.

Dass sich die reine Fokussierung auf Gewinn in diesem Ausmass verstärken würde, hätten damals wohl nicht mal die kühnsten Börsenspekulanten ahnen können. Ich erinnere mich an eine Bilanzpressekonferenz Mitte der 1990er Jahre, als ein Verwaltungsratspräsident eines Grossunternehmens etwas verschämt verriet, dass mit dem Finanzgeschäft erstmals mehr Geld als mit der Produktion verdient wurde, also dem eigentlichen Unternehmenszweck. Und es dauerte nicht lange, bis Universitäten, besonders die Universität St. Gallen immer raffiniertere Finanzinstrumente entwickelten, die ausschliesslich der Geldvermehrung dienten, ohne jegliche Wertschöpfung zu erzeugen (also reale Werte wie Produkte und Dienstleistungen) und dies oft zum Schaden der Volkswirtschaft. Der oben erwähnte St. Galler Wirtschaftsprofessor Fredmund Malik war einer der wenigen einsamen Rufer in der Wüste, der lange vor der Finanzkrise immer wieder davor warnte, dass Börsenkurse nicht ewig steigen würden. Er und ein paar wenige andere Wirtschaftsexperten wiesen zudem immer häufiger auf die Gefahren der oft undurchsichtigen Finanzinstrumente und des Hochfrequenzhandels hin, doch wurden sie nicht gehört. Dazu kam die ungenügende Eigenkapitalisierung der Banken und und und, kurz: es musste 2008 zu einer weiteren Krise kommen.

Zu viel Gier, zu wenig Vernunft

Die Gier nach billigem und schnellem Geld hat auch heute – zwölf Jahre nach der Finanzkrise – kaum nachgelassen. Manchmal wünsche ich mir die Zeiten zurück, als Aktionäre wirklich noch Anleger bzw. langfristig orientierte Investoren waren, die sich mit Interesse an einer Unternehmung beteiligten. Da Informationen vonseiten der Firmen nur spärlich flossen, warteten sie geduldig auf den Jahresbericht ‹ihres› Unternehmens und die Informationen, die via Anlageberater*innen und Wirtschaftsjournalist*innen in den Medien erschienen. Irgendwann folgten Halbjahresberichte, und schon bald wurden detaillierte Quartalsberichte zur Pflicht eines börsenkotierten Unternehmens. Der Zwang, in jedem Quartal höhere Gewinne auszuweisen, verhindert aus meiner Sicht langfristige Investitionen. Ich empfinde es als Hohn, wenn angesichts von Haltedauern im Millisekundenbereich (Hochfrequenzhandel) von Investoren die Rede ist, denn diese müssten eine langfristige Perspektive einnehmen und am Überleben eines Unternehmens Interesse haben und nicht nur an kurzfristigem Gewinnstreben, ausgedrückt in der Börsenkapitalisierung. Spekulanten, Hedgefonds und ähnliche üble Geier dominieren die Finanzwelt. Sie jubeln, wenn Menschen entlassen werden, denn ‹Humankapital› kostet, schmälert den Gewinn und verhindert den Anstieg des Aktienkurses. Hinzu kommt, dass Banken und viele Grossunternehmungen immer weniger Steuern bezahlen wollen, mit der Rechtfertigung, dass sie primär die Aktionäre bedienen müssen. Die Kosten für Arbeitslose und Schäden an der Umwelt begleichen die Volkswirtschaft und Steuerzahlenden. Mächtige Hedgefonds können ihre Macht nicht nur an Unternehmen auslassen, indem sie sie zu Fusionen, Akquisitionen und/oder der Aufgabe von Bereichen zwingen, die zu wenig Gewinn abwerfen, sie können sogar ganze Länder in die Knie zwingen – siehe Argentinien – und deren Volkswirtschaft für Jahre zerstören. Besonders grausam sind meines Erachtens Spekulationen (Wetten) im Bereich der Welternährung, die die Preise in die Höhe treiben, ohne dass die Produzenten (Bauern) auch nur einen Rappen davon sehen würden. Wie lange wird es noch dauern, bis derartige Machenschaften weltweit verboten werden?

Meine kritische Haltung gegenüber Banken und Wirtschaftsunternehmen wird sichtbar, die ohne Rücksicht auf Mitarbeitende und Umwelt auf Gewinnmaximierung zugunsten der Shareholder und der wachsenden Boni für den Verwaltungsrat und die obersten Mitglieder der Geschäftsleitung fokussieren, und hat sich in den letzten 20 Jahren nicht etwa verringert, sondern gefestigt und verstärkt. Zum Zeitpunkt dieses Schreibens erkenne ich keine Anzeichen dafür, dass sich die Situation in absehbarer Zeit verändern würde. Dabei wäre vernünftiges Wirtschaften zum Wohle aller Stakeholder möglich, wenn denn der Wille dazu von allen Beteiligten vorhanden wäre.

Ein Blick zurück

Ich komme nochmals auf das «St. Galler Management-System» und dessen Begründer Professor Hans Ulrich zurück: «Hans Ulrichs Verdienst ist es, klar zwischen Betriebswirtschaftslehre und Managementlehre zu unterscheiden und entsprechend verschiedene Zugänge zu Lehre und Wissenschaft zu suchen. Er begründete seine Managementlehre auf den Grundlagen der Systemtheorie und Kybernetik. Auf Ulrich geht das St. Galler Management-Modell zurück; von Beginn an wurde es auf den adäquaten Umgang mit komplexen Systemen ausgerichtet.»[16]

Es ist mir wichtig, an dieser Stelle einen Ausschnitt aus ALMA – Das Alumni-Magazin der Universität St. Gallen 2/2001 zu zitieren, weil es in Kürze und Prägnanz das grundlegende Denken dieses weitsichtigen Wirtschaftswissenschaftlers aufzeigt:

«Kennzeichnend für das Werk von Hans Ulrich ist somit die Öffnung der Betriebswirtschaftslehre in mehrfacher Hinsicht:

---

16 https://de.wikipedia.org > Hans Ulrich (Wirtschaftswissenschaftler) [letzter Zugriff: 27.08.2020]

- die Ausweitung von einer eindimensionalen, ausschliesslich ökonomischen Betrachtungsweise zu einer vieldimensionalen Erfassung multipler Aspekte der Unternehmungen;
- die Betrachtung der Unternehmung als ein prinzipiell offenes, soziales System unter Einbezug der Natur als einer zwingend mit zu berücksichtigenden Dimension der Umwelt;
- die Einführung einer obersten, wertmässigen Führungsebene (normatives Management) und damit auch die Öffnung für ethische Fragen der Führung (Unternehmungsethik);
- die Öffnung für Erkenntnisse aus zahlreichen andern Wissenschaften, vor allem der modernen Naturwissenschaften;
- die Ausweitung der herkömmlichen, rein analytischen Betrachtungsweise zu einer systemischen, integrierenden Denkweise;
- die Ausarbeitung von umfassenden, ein vielschichtiges Wissen ordnenden Ausbildungs- und Weiterbildungskonzepten für die Managementlehre.»[17]

Sicher ist: Wir hätten eine andere Welt, wenn sich das St. Galler Management-Modell durchgesetzt hätte, auch in der Form einiger weiterer HSG-Professoren im Umfeld von Hans Ulrich. Wer heute von einem notwendigen, neuen Wirtschaftssystem spricht, muss gar nicht lange suchen, denn wenn die obigen Punkte eingehalten werden, kommen wir zu einer gerechteren, sozialen und ökologischen Wirtschaft.

---

17 Schwaninger, Markus: Hans Ulrich – Leben und Werk. In: alma 2/2001, S. 20. Zum Thema «ökologisch-soziale Marktwirtschaft und Instrumente der Umweltpolitik» empfehle ich einen Blick auf einen Aufsatz von Hans G. Nutzinger und Angelika Zahrnt. In: Kurz, R. und Zahrnt, A. (Hg): Marktwirtschaft und Umwelt. Bonn: Economica, 1994, S. 1–25.

Blick in die Zukunft

Den vorausgegangenen Text in dieser Form schrieb ich im Zeitraum Ende Oktober 2018 bis Anfang 2019. Ab der zweiten Hälfte 2019 gab es einige Lichtblicke, die etwas Hoffnung geben, dass in Zukunft vernünftiger gewirtschaftet wird, insbesondere die von Greta Thunberg ausgelöste Jugendbewegung für mehr Ökologie und die Stärkung der grünen Parteien. Der Dokumentarfilm «Tomorrow – Die Welt ist voller Lösungen» aus dem Jahr 2015 wurde in zehn Ländern gedreht und in der Schweiz erstmals 2018 ausgestrahlt. Ausgangspunkt des Films ist die momentane Situation der Welt mit ihren global zunehmenden Problemen, wie der Energie- und Ressourcenverknappung sowie dem Klimawandel. Auf der Suche nach Lösungen zeigt der Film verschiedene Projekte und Initiativen mit alternativen ökologischen, wirtschaftlichen und demokratischen Ideen auf. Der Film erhielt 2016 den César als beste Dokumentation.

Zudem gibt es immer häufiger Bücher, die nicht nur den aktuellen, desolaten Zustand der Welt beschreiben, sondern auch Verbesserungsvorschläge enthalten, zum Beispiel: «Der Globale Green New Deal» von Jeremy Rifkin (2019). Der Autor ist einer der bekanntesten gesellschaftlichen Vordenker. Er ist Gründer und Vorsitzender der Foundation Economic Trends in Washington, seine Bücher gelten international und sind in 35 Sprachen übersetzt. Die indische feministische Ökowissenschaftlerin Vandana Shiva wird auf dem Cover mit folgendem Satz zitiert: «Dieses Buch stellt einen Plan vor, der überlebenswichtig ist für die Millionen ohne Arbeit und für einen Planeten, der geheilt werden muss.» Jeremy Rifkin benennt 23 Schlüsselinitiativen des Green New Deals, angefangen bei umfassenden, nachvollziehbaren Massnahmen aus allen Bereichen eines Staates: Ökologie, Ökonomie, Politik, Gesellschaft, gerechtere Steuergesetze, die die Ungleichheit zwischen den Superreichen und dem Rest der Bevölkerung reduzieren. Er plädiert für Investments in ausschliesslich saubere Energien und für eine vernünftige Zusammenarbeit der einzelnen Staaten in Europa und auf der ganzen Welt. Die Umsetzung dieser

Schlüsselinitiativen ist keineswegs utopisch, sondern pragmatisch und handlungsorientiert. Sie könnte ab sofort eingeleitet werden, wenn in den einzelnen Staaten ein politischer Wille dafür vorhanden wäre. Deshalb sollte Rifkins Buch zur Pflichtlektüre für alle Politikerinnen und Politiker erklärt werden.

Franz Alt, meines Wissens einer der ersten Rufer in der Wüste bezüglich Ökostrom – «Schilfgras statt Atom – Neue Energie für eine friedliche Welt» (1992) und «Die Sonne schickt uns keine Rechnung» (1994) –, beschreibt nach zahlreichen weiteren Publikationen in seinem neuesten Buch «Lust auf Zukunft» (2018), «wie unsere Gesellschaft die Wende schaffen wird»[18]. Der frühere Fernsehjournalist (SWF und 3sat) und unermüdliche Vertreter für Umwelt, Abrüstung, Ethik und Menschenrechte, der auch schon mit dem Dalai Lama auftrat, ist – wie es der Titel erwarten lässt – keineswegs frustriert, dass alles so langsam geht, sondern weiterhin engagiert und ganz auf die Zukunft ausgerichtet. In jedem Kapitel dieses Buchs geht es um Lust auf etwas, zum Beispiel «Lust auf Energiewende», «Lust auf Lösungen», «Lust auf Mut und Wagnis». Der 80-jährige bekennende Christ kommt keineswegs dogmatisch daher, selbst nicht für religionskritische Leser*innen. Klaus Töpfer, deutscher Politiker und ehemaliger Exekutivdirektor des Umweltprogramms der Vereinten Nationen, wird auf dem Cover mit der Aussage zitiert: «Franz Alt ist ein realistischer Visionär.» Sein Buch erschien am 25. Juni 2018 zu seinem 80. Geburtstag.

Lesenswert und zukunftsweisend ist ebenfalls das Buch «Im Grunde gut. Eine neue Geschichte der Menschheit» von Rutger Bregman (Rowohlt, 2020). Darin setzt sich der Autor, Historiker und Journalist mit dem Wesen des Menschen auseinander und führt aus, dass der Mensch nicht böse, sondern von Grund auf gut sei. Ausgehend von dieser Prämisse sei es möglich, «die Welt und den Menschen komplett neu und grundoptimistisch zu denken». Wenn ich die täglichen Radionachrichten höre und die Tageszeitung lese, dann habe ich

---

18 Alt, Franz: Lust auf Zukunft. Gütersloh (Guetersloher Verlagshaus) 2018.

allerdings grösste Zweifel, ob diese Aussage zutrifft. Als Journalistin habe ich allerdings früh gelernt, dass «good news» «no news» sind, was schliesslich der Grund ist, weshalb die überwiegende Mehrheit der Mediennachrichten negativer Art ist. Und wer aufgrund persönlicher Erfahrungen weiss, dass nebst all dem Schlechten in der Welt viel Positives existiert, kann sich von Bregmans Buch bestätigen lassen. Und weil es trotz allem Verbesserungen braucht, zeigt der Autor zahlreiche innovative und mutige Ideen auf, die voller Hoffnung sind. Themen des Buches sind u. a. Ideen- und Geistesgeschichte, Gesellschaft und Kultur, Sozial- und Kulturgeschichte, Politik und Staat, Soziales und Ethik sowie Moralphilosophie.

Um einen «partizipativen Sozialismus» geht es dem französischen Ökonomen Thomas Piketty. In einem Interview mit dem Tages-Anzeiger (12.03.2020) über sein neues Sachbuch «Kapital und Ideologie» beschreibt er u. a. die Ungleichheit der Verteilung von Einkommen und Vermögen. Diese beruhe auf einer Ideologie, die man bis ins letzte Jahrhundert zurückverfolgen könne, aktuell auf die Ideologie der «Heiligsprechung des Privateigentums». Piketty ist überzeugt, dass sich diese Ideologie ändern liesse und dass danach ein gerechteres Verteilungssystem möglich wäre. Mit «partizipativem Sozialismus» kritisiert Piketty das Privateigentum, das neu definiert werden müsse. Wer sich dabei an Karl Marx erinnert fühlt, hat nicht unrecht, allerdings argumentiert der Ökonom sowohl mit klugen historischen als auch mit zukunftsträchtigen Argumenten und erhält damit viel Zustimmung bei allen engagierten Menschen, die die Welt verändern wollen. Der französische Starökonom ist Professor an der École d'économie in Paris und Mitbegründer des «World Inequality Lab». Er ist einer der weltweit führenden Verteilungsforscher und hat in seinen beiden Bestsellern «Das Kapital im 21. Jahrhundert» (2014) und «Kapital und Ideologie» (2020) das Thema Ungleichheit zu einem wichtigen Thema in der wissenschaftlichen und politischen Debatte gemacht.

Adelheid Biesecker, bekennende Marxistin und bis 2004 Professorin an der Universität Bremen, verlangt eine Änderung der Wirtschaftstheorie: «Heute gilt als vernünftig, was meinen eigenen Nutzen maximiert. Dabei ist es vernünftig, so zu wirtschaften, dass unsere Bedürfnisse befriedigt werden und zugleich Natur und Menschen sich erholen können.»[19] Sinnvoll wäre es, sich auf eine humanistische Ökonomie auszurichten, die auf Immanuel Kants kategorischem Imperativ basiert. Das heisst: Wenn wir im Supermarkt vor einem Produkt stehen, das billige Massenware ist, und einem teureren, das nachhaltig, also mit Schutz der Ressourcen produziert wurde, wählt der Homo oeconomicus das günstigere, der vernünftige Mensch dagegen das nachhaltige Produkt. Biesecker ist nicht generell gegen Märkte oder das Wirtschaftswachstum, nur: Beide Systeme müssten anders definiert und/oder erweitert werden. Sie äussert sich im zitierten Interview im Weiteren über die gegenwärtige weltweite Pandemie, Care-Arbeit (Pflege), Arbeitszeitreduktion und vieles mehr. Ich kann nur hoffen, dass dieses Interview noch längere Zeit im Netz abrufbar bleibt, es bietet zahlreiche überdenkenswerte Impulse.[20]

Hart ins Gericht mit übermässigem Konsumverhalten geht der deutsche Ökonom Niko Paech in einem Interview mit dem Tages-Anzeiger vom 2. Mai 2020. Er lehrt und forscht an der Universität Siegen als Professor für Plurale Ökonomie. In zahlreichen Beispielen räumt er mit gängigen Erwartungen auf und erklärt, weshalb selbst eine fortschrittliche Technologie die dringenden Umweltprobleme nicht lösen kann. «Es braucht dringend eine Postwachstumsstrategie», so Paech. Gerade die Coronakrise zeige, dass zwölf Jahre nach der Finanzkrise niemand diese globalisierte Wirtschaft kontrollieren könne, und weiter: «Es ist eine Schönwetterökonomie, die in guten Zeiten spottbillig die tollsten Wohlstandsartefakte ausspuckt, die aber jederzeit wie ein Kartenhaus in sich zusammenfallen kann.»[21] Was tun? Paech empfiehlt, den Wohlstandsballast abzuwerfen, nicht mit der Haltung, verzichten zu müssen, sondern mit dem Ziel, dadurch mehr Zeitsou-

---

19 Tages-Anzeiger-Magazin vom 27.06.2020.
20 Interview im Tages-Anzeiger vom 27.06.2020
21 Tages-Anzeiger vom 02.05.2020

veränität zu gewinnen und Stress zu überwinden. Weiter sollten wir wieder mehr auf Eigenproduktion setzen, zum Beispiel unsere handwerklichen Fähigkeiten zurückgewinnen, die Lebensdauer von Geräten durch Instandhaltung und Reparatur verlängern. Und als dritte Empfehlung setzt der Ökonom auf regionale Versorgungssysteme und einen Rückbau der globalisierten Industrie. Sein Schlussvotum: «Souverän ist nicht, wer viel hat, sondern, wer wenig braucht.»

Den Mosaikstein Buddhismus überschrieb ich mit dem Titel «Freiwillige Askese macht glücklich». Ich schrieb diesen Text, lange bevor ich auf das Interview mit Niko Paech stiess. Kein Wunder, dass er mir aus dem Herzen spricht, decken sich doch seine ökonomisch-ökologischen Argumente mit meinen, die primär auf Spiritualität basieren, zumal sie bei mir vor Jahrzehnten mit dem Kennenlernen der buddhistischen Gesinnung einsetzten.

Ich weiss, dass die Auswahl der oben erwähnten Bücher nur einen Bruchteil der aktuellen Fachliteratur zeigt, die sich für eine ökologische, ethische Welt einsetzt. Und mir ist ebenfalls bewusst, dass genau diese Bücher zum Teil harsche Kritik auslösen, vor allem bei jenen Personen, die für ein Infragestellen der eigenen Gewohnheiten und Überzeugungen (noch) nicht bereit sind. Klar ist: Es mangelt (einmal mehr) nicht an Wissen, sondern es braucht das Umdenken des Individuums und ganz viel politischen Willen, damit eine Veränderung erfolgen und wir gemeinsam an einer gerechteren Welt arbeiten können.

Die oben erwähnten Ökonomen zeigen Wege auf, wie dies geschehen könnte. Und es gibt sogar positive Ansätze, wie sich das desaströse Finanzsystem verändern liesse. Ich persönlich habe grosse Erwartungen an die Mikrosteuer, die hoffentlich zur Abstimmung kommt und angenommen werden wird.[22]

---

22 https://www.infosperber.ch/Artikel/Gesellschaft/Mikrosteuer-statt-Mehrwertsteuer-Volksinitiative-gestartet

Lehrreiche und absolut empfehlenswerte Lektüre über das Finanzwesen gibt es in der vierteljährlich erscheinenden Publikation «moneta – das Magazin für Geld und Geist», herausgegeben von der Alternativen Bank Schweiz AG (ABS). Ich übernehme die kurze und griffige Definition aus Wikipedia: «Die Alternative Bank Schweiz AG (ABS) mit Sitz in Olten ist ein Schweizer Kreditinstitut, das als Ziel nicht die Gewinnmaximierung, sondern die Förderung von ökologischen und sozialen Projekten hat. Die ABS bewilligt darum nur Kredite, die ihren ethischen Richtlinien genügen. In acht Förderbereichen (u. a. erneuerbare Energien, biologische Landwirtschaft, Gesundheit & Prävention) sowie für ökologisches Bauen und Renovieren gewährt sie zudem vergünstigte Kredite. Ein Markenzeichen der ABS ist ihre Transparenz: Sie veröffentlicht die Namen der Kreditnehmenden und die Zweckbestimmung der Kredite.»[23]

Die 1990 gegründete Bank mit einer Bilanzsumme von nur gerade 1,745 Mrd. CHF und 110 Angestellten ist klein, aber fein und ist meines Erachtens ein Vorbild für ethisches Banking. Zum Vergleich: Die 1957 vom Migros-Gründer Gottlieb Duttweiler gegründete Migros Bank, die ebenfalls zu den kleinen Bankinstituten zählt, hat eine Bilanzsumme von 47 Mrd. CHF und beschäftigt 1362 Personen (gemäss Geschäftsbericht 2019). Auch diese Bank (und wahrscheinlich noch eine gewisse Anzahl weiterer Kleinbanken) bemüht sich um eine anständige Geschäftsführung, zumindest ist mir noch nie ein Skandal zu Ohren gekommen.

Die Gesellschaft ist ebenfalls in der Pflicht

Vom Friedensnobelpreisträger (1990) Michail Gorbatschow soll der Satz stammen: «Wer zu spät kommt, den bestraft das Leben.» Für mich gilt viel stärker: «Wer zu früh kommt, hat keine Chance, gehört zu werden.» Es scheint, dass das Gros der Menschheit ohnmächtig

---

23 https://de.wikipedia.org/wiki/Alternative_Bank_Schweiz

in Kauf nimmt, dass wir zuerst in eine Krise, wenn nicht gar in einen Krieg stürzen müssen, bevor es wieder aufwärts gehen kann. Viel besser wäre doch, mit Weitsicht die Zukunft zu gestalten, eine Vision zu haben, wie eine bessere und gerechtere Welt aussehen könnte und mit engagierten Menschen auf der ganzen Welt partnerschaftlich daran arbeiten, wie die Teilziele aus den verschiedensten Lebensbereichen umgesetzt werden können, die schliesslich zur Umsetzung der lockenden Vision führen.

Es verblüfft mich immer wieder, weshalb die Schweizer Bevölkerung jede Abstimmung ablehnt, die es zum Ziel hat, die enormen Differenzen zwischen Reichen und Armen bzw. dem Mittelstand etwas zu verringern. Das war beispielsweise bei der eidgenössischen Volksinitiative «1:12 – Für gerechte Löhne» am 24. November 2013 der Fall sowie bei der Volksinitiative «Millionen-Erbschaften besteuern für unsere AHV (Erbschaftssteuerreform)» am 14. Juni 2015. Arme Menschen und der Mittelstand wären nicht betroffen gewesen und selbst für Multimillionäre wurde die Änderung in weiten Kreisen als «gerecht und moderat» bezeichnet.[24] Auch die «Eidgenössische Volksinitiative für ein bedingungsloses Grundeinkommen» wurde am 5. Juni 2016 von 76,9 % der Stimmberechtigten abgelehnt. Erst jetzt, natürlich in der Krise, zeigt sich, dass die Idee gar nicht so schlecht gewesen wäre, zumindest beabsichtigen einige Länder, in Coronazeiten dieses unkomplizierte Verfahren einzusetzen, um auf diese Weise Millionen von Menschen schnell und unbürokratisch vor akuter Armut zu schützen.

Bleibt zu hoffen, dass die «Konzernverantwortungsinitiative», über die am 29. November 2020 – endlich! – abgestimmt werden wird, mit grosser Mehrheit von der Bevölkerung angenommen wird. Die Volks-

---

24 Mehr Infos dazu auf
https://www.admin.ch/gov/de/start/dokumentation/abstimmungen/20150614/erbschaftssteuerreform.html
https://www.sp-ps.ch/de/publikationen/medienmitteilungen/erbschaftssteuer-moderat-sinnvoll-gerecht

initiative «Für verantwortungsvolle Unternehmen – zum Schutz von Mensch und Umwelt», so die vollständige Bezeichnung, wurde am 10. Oktober 2016 mit 120'418 gültigen Unterschriften eingereicht. Seither wird im National- und Ständerat darüber palavert, abgelehnt und mit Gegenvorschlägen torpediert. Das ist für mich umso erstaunlicher, als dass jedes Individuum gesetzlich für Schaden aufkommen muss, das es verursacht hat.

Warum also nicht ein international tätiger Grosskonzern wie beispielsweise Glencore? Public Eye (früher Erklärung von Bern) hat seit Jahrzehnten unzählige Fälle dokumentiert, wie Konzerne Menschenrechte verletzen und die Umwelt zerstören. Schweizer Firmen und solche, die sich (oft aus Steuergründen) in der Schweiz registrieren liessen, sind keine Ausnahme. Menschenrechtsverletzungen kommen gehäuft vor, insbesondere in den Sektoren Rohstoff und Gold. Oft geht es indes auch um miserable Arbeitsbedingungen, Löhne, die nicht existenzsichernd sind und um ein gesundheitsschädigendes Arbeitsumfeld.

Dem soll endlich ein Ende gesetzt werden. «Die Konzernverantwortungsinitiative verlangt verbindliche Regeln, damit Konzerne und ihre Tochterfirmen weltweit die Menschenrechte und Umweltstandards respektieren und für angerichteten Schaden geradestehen müssen».[25]

Ich hoffe, dass der weiterhin engagierte frühere Nationalrat und ehemalige Preisüberwacher Rudolf Strahm bezüglich der Konzernverantwortungsinitiative von breiten Kreisen der Bevölkerung gelesen und verstanden wurde. Er hat bereits früh auf die Notwendigkeit hingewiesen, dass Konzerne für ihr Handeln im Ausland Verantwortung übernehmen müssen (Kommentar im Tages-Anzeiger vom 19.05.2020). Dem Zig-Millionen-Budget der Gegner stehen – mit sehr

---

25 Mehr Infos auf https://www.unia.ch/de/kampagnen/konzern-initiative und https://www.publiceye.ch/de/themen/konzernverantwortungsinitiative/ unterstuetzen

viel weniger Geld – rund 120 Nicht-Regierungs-Organisationen und hoffentlich eine wache Bevölkerung gegenüber, die erkennt, was da läuft. Laut Strahm kämpfen 350 Lokalkomitees aus Freiwilligen via Internet und Social Media. Im Weiteren unterstützen ein Komitee mit 170 bürgerlichen Politiker*innen, ein Wirtschaftskomitee mit 180 Unternehmen sowie die Spitzen der Landeskirchen und der Freikirchen die Initiative. Das war der Stand von Mitte Mai 2020 und, je näher wir uns der Abstimmung nähern, desto lauter und aggressiver werden die Stimmen der Gegner. Es bleibt zu hoffen, dass Public Eye (mit 26'000 Mitgliedern), alle linken und grünen Parteien, engagierte Profit- und Non-Profit-Organisationen, eine ansehnliche Anzahl Bürger*innen sowie Abertausende von Individuen es mit viel Mund-zu-Mund-Propaganda im eigenen Umfeld dennoch schaffen werden, dass diese notwendige Initiative mit grosser Mehrheit angenommen und danach schnell umgesetzt wird.

Notiz zur Ausstellung «Sündenbock» (März 2019) *im Landesmuseum und weitergehende Gedanken.*

Ich besuchte diese Ausstellung mit meiner Freundin Irmgard, und wir waren beide zutiefst bestürzt über die eindrückliche Zusammenstellung aller Formen von Gewalt, die einzelnen Menschen weltweit angetan wurde und wird, oft, weil sie – ohne jegliche Schuld – für etwas büssen müssen. In früheren Zeiten waren dies vor allem Epidemien und Naturereignisse, heute ist es eher die Furcht vor dem Fremden und vor Ereignissen, die rational nicht unmittelbar erklärbar sind. Eine traurige Geschichte der Menschheit, die seit Adam und Eva nicht gelernt hat, Konflikte anders zu lösen als via Gewaltanwendung. Dazu fallen mir die in der Bibel beschriebenen ‹Todsünden› ein, u. a. Gier, Hass und Neid. Wie schön könnte die Welt sein, wenn Menschen diese zerstörenden Eigenschaften korrigieren würden!

Die Coronakrise und die Absurdität der Aktienbörse

Was Ende Februar 2020 relativ harmlos begann, veränderte sich im Monat März bezüglich Ansteckungen und Todesfällen sozusagen im Stundentakt. Das «neuartige Coronavirus» ist seither omnipräsent in den Medien und dominanter Gesprächsstoff in der Bevölkerung, sofern man sich überhaupt noch trifft. Die Gesellschaft und die gesamte Wirtschaft sahen sich fast täglich mit immer härteren Restriktionen konfrontiert. Fast sämtliche Schulen waren über Wochen geschlossen, und die Lehrpersonen mussten die Schulkinder mit schriftlichen Infos via Post und E-Mail unterrichten. Zahlreiche Berufstätige, die ihre Arbeit auch zu Hause verrichten können, waren während Monaten und sind zum Teil seit Anfang November wieder zu Homeoffice verpflichtet. Hunderttausende von Menschen, die in der Hotellerie, im Gastgewerbe, in Coiffeursalons und in weiteren Dienstleistungsberufen tätig sind, mussten monatelang zu Hause bleiben und durften ab Mai nur mit strengen Auflagen ihre Läden öffnen. Alle Kunstschaffenden blieben auf unbestimmte Zeiten ohne Einkommen, weil sämtliche Veranstaltungen, Ausstellungen etc. abgesagt werden mussten. In der Stadt blieben zu Beginn nur noch Lebensmittelgeschäfte offen, in denen eine beschränkte Auswahl an Pflege- und Hygieneartikeln gekauft werden konnten, die anderen Bereiche waren abgesperrt. Die Stadt wirkte zeitweise wie ausgestorben, und es herrschte eine surreale Stimmung. Hochbetrieb dagegen hatten die Spitäler, weil es täglich neue Infizierte gab, allerdings nie in einem Ausmass, wie von Fachleuten zu Beginn befürchtet wurde. Wer über 65 ist, wird noch stärker eingeschränkt als Jüngere, und in einigen Ländern galt vorübergehend eine vollständige Ausgangssperre. Die Massnahmen griffen, die Anzahl der Infizierten sank, zumindest in jenen Ländern, die frühzeitig die richtigen Massnahmen ergriffen hatten.

Mittlerweile befinden wir uns Anfang November 2020. Nach einer kurzen Lockerung der Massnahmen stieg die Anzahl der positiv auf Covid19 Getesteten wieder an. Es besteht die Pflicht, in öffentlichen Verkehrsmitteln eine Maske zu tragen und auch immer dann, wenn nicht ausreichend Distanz eingehalten werden kann. Ursprünglich aus China kommend, hat sich das Virus rasch auf allen Kontinenten ausgebreitet, am stärksten dort, wo die Regierungen nicht bereit waren, ihre Bevölkerung frühzeitig mit adäquaten Massnahmen zu schützen, zum Beispiel in den USA, in Brasilien und Grossbritannien. Die Gefahr einer weltweiten, noch nie dagewesenen Rezession ist real. Es wird Hunderttausende Konkurse geben, und Millionen von

Menschen werden ihre Stelle verlieren. Damit droht ihnen der Absturz in die Armut, und es ist unklar, wie viele Staaten in der Lage sein werden, ihre Bevölkerung mit dem Notwendigsten zu versorgen. Bisher hat auf der ganzen Welt noch kein Experte auch nur die leiseste Ahnung, wie lange die Krise noch dauern wird. Monate oder länger? Zurzeit ist weder ein wirksames Heilmittel noch eine Impfung in Sicht, und von diesen wird es abhängen, ob und ab wann die Krise bewältigt werden kann.

Aus der Krise lernen?

Ob die Menschheit aus dieser schweren Krise wirklich lernen wird, steht in den Sternen. Auf der einen Seite gibt es die uneinsichtigen Partygänger*innen und Ferienreisenden, die sich in ihrer Freiheit nicht mehr einschränken lassen wollen und sich über alle Coronaregeln hinwegsetzen, mit dem Resultat, dass nach jeder grossen Party die Anzahl der Infizierten wieder ansteigt. Auf der anderen Seite stehen die «Vernünftigen», die sich ernsthaft überlegen, auf wie viel Konsum und Flugreisen sie in Zukunft verzichten wollen, dies vor allem in Zusammenhang mit dem CO_2-Ausstoss.

Und die Finanzwelt? In allen Börsen der Welt bewegen sich die Aktienkurse wie auf einer Achterbahn täglich auf und ab. Einmal mehr wundere ich mich, weshalb Finanzmenschen weiterhin ungeniert von «Investoren» sprechen. In der Volkswirtschaft sind Investitionen in das Bildungs- und Gesundheitssystem von Bedeutung. Was zählt, ist die Langfristigkeit und schliesslich ein Nutzen, der der gesamten Bevölkerung und nicht nur wenigen Einzelpersonen zugute kommt. Wenn Börsianer hingegen bei jeder Brise und, noch schlimmer, bei Entlassungen von Personen und täglichen (zufälligen) Schwankungen augenblicklich Aktien kaufen oder verkaufen, dann sind sie meines Erachtens nichts anderes als Spekulanten, die ausschliesslich am eigenen momentanen Gewinn und nicht an der Zukunft des jeweiligen Unternehmens interessiert sind. Viele Pensionskassen machen es vor, dass sich langfristige Geldanlagen lohnen. Vor rund 20 Jahren habe ich einmal, mit einer zugegebenermassen etwas naiven Haltung, in einem Interview gesagt, die Börse sei ein Auslaufmodell. Das war natürlich Wunschdenken, doch ich gebe die Hoffnung nicht auf, dass die Geldbörse eines Tages neu organisiert wird und zu einer Börse wird, die ernsthaften Investoren eine Plattform bietet und nicht (nur) ein Spielfeld für Spekulantentum ist.

Lesen als Lebenselixier

Das Buch als Freundin, Lehrerin und Ratgeberin

Bücher haben mich mein Leben lang begleitet. Weil der Platz in meiner Wohnung begrenzt ist, muss ich mich immer wieder mal von einigen trennen, um die Zahl von tausend nicht zu überschreiten. Das fällt mir schwer, doch es muss sein, wenn ich neuen Büchern Platz machen will.

Als Schulkind war ich eine Leseratte, ich las alles, was mir unter die Finger kam, die Bücher meines Bruders und meiner beiden Schwestern. Im Dorf gab es weder eine Buchhandlung noch eine Bibliothek, doch sehr früh hatte ich ein Abo bei der NSB (Neue Schweizer Bibliothek), bei der ich Bücher brieflich bestellen konnte und mir per Post schicken liess. Zum Geburtstag und zu Weihnachten wünschte ich mir mehrheitlich ein Buch. Ich weiss nicht, wie viele Bücher ich unter der Bettdecke verschlungen habe, das hatte Mama zwar verboten, doch es war eines der wenigen Verbote, die ich regelmässig überschritt.

Ich will mich im Folgenden auf eine Auswahl von zwölf Büchern beschränken, die mich stark beeinflusst haben und mehrheitlich bis heute beschäftigen.

1

Ein dickes Lexikon: Ich habe mir als Jugendliche vorgestellt: Würde man mich für lange Zeit einsperren oder auf eine Insel verbannen und ich dürfte nur ein einziges Buch mitnehmen, dann würde ich das dickste Lexikon auswählen, und daraus würde ich jeden Tag ein paar Begriffe lernen und memorieren, damit ich sie nicht vergesse. Leider kam es nie dazu, und so habe ich vieles doch nicht gelernt. Doch ich blättere bis heute gern in Meyers Taschenlexikon in 12 Bänden, wenn ich die Erklärung eines Begriffs suche und ich keine Lust habe, mich im Labyrinth der Internetwelt zu verirren.

2

Kinder- und Jugendbücher: Ich kann mich kaum an einzelne Titel erinnern, ausser dass mir die Geschichten aus nordischen Ländern besonders gut gefielen. Es handelte sich oft um aufgeweckte, mutige Mädchen, die frech und dennoch im Herzen gut waren. Ich empfand sie wie Freundinnen, von denen ich lernen konnte.

3

«Le Deuxième Sexe» (Das andere Geschlecht) von Simone de Beauvoir. Mich hat dieses Buch im Alter von 18 Jahren während des Französischstudiums im ‹Institut de français moderne› an der Universität Fribourg darin bestärkt, als Frau unbeirrt meinen eigenen Weg zu gehen und niemals in die Falle einer frühen Ehe zu tappen.

4

«La Nausée» (Der Ekel) von Jean-Paul Sartre, das ich zum gleichen Zeitpunkt wie Simone de Beauvoir gelesen habe und das meine existenzialistische Haltung gefördert hat. Allerdings entnahm ich daraus nicht nur die Sinnlosigkeit unserer Existenz, sondern ich fokussierte auf «die leise Hoffnung, Roquentin könnte seinem bisherigen Leben einen Sinn geben, indem er ein Buch schriebe, ein Buch. Ein Roman. Und es gäbe Leute, die diesen Roman läsen, und die sagen würden: ‹Antoine Roquentin hat ihn geschrieben ...»», wie es Urs Bitterli in einem Text auf Wikipedia vom 14.02.2015 aufgezeichnet hat. Für mich persönlich ging ich allerdings noch eine Stufe weiter, indem ich interpretierte: Um meiner Existenz eine Berechtigung zu geben, muss ich etwas hinterlassen, das meinen Tod überlebt. Mit Kindern ist dieses Ziel nicht erreicht (das ist ‹nur› biologisch), sondern es müsste ein Kunstwerk oder eben ‹mindestens› ein Buch sein.

Allerdings muss mir damals die von Sartre beschriebene Sinnlosigkeit doch zugesetzt haben. Im arg zerschlissenen Taschenbuch fand ich drei Zettel, auf denen ich offensichtlich während einer Vorlesung folgende Zeilen geschrieben habe:

VIVRE!
«Je voudrais vivre, pourquoi es-ce si difficile?
Je voudrais la liberté, me voilà retirée par de multiples borgnes,
Que faire, si ne pas me suicider? – Accepter, et me nier? – Patienter, ma seule possibilité?
Mais le jour viendra, j'y crois, c'est mon seul espoir.
Toute ma vie, peut-être, je serai à la recherche, mais enfin d'y trouver quoi?
Ma vie aura passée dans l'espoir, jour par jour.
J'aurai vécu dans l'avenir, j'aurai cherché, cherché, peut-être en vain, que sais-je?
J'aurai eu ma raison de vivre, alors que peut-être ma vie en elle même aurait été vaine.»

Ich glaube, dass dieser depressive Zustand nicht allzu lange anhielt. Einige Monate später las ich:

5

«Le Petit Prince» von Antoine de Saint-Exupéry. Die Geschichte hat mich damals und bis heute begeistert. Der Autor zeigt eine unglaubliche Virtuosität, mit den Wörtern des kleinen Prinzen in einfacher Sprache grosse Wahrheiten über den Sinn des Lebens zu verkünden und Kritik an der damaligen Weltordnung zu üben.

6

«I'm OK – you're OK» von Thomas A. Harris las ich lange, bevor ich in Seminaren mit Karl Kälin in die Transaktionsanalyse (TA) eingeführt wurde und diese später selbst weitergeben konnte. Für mich ist es eine tolle Methode, um sich mit sich selbst und mit seinen Beziehungen mit anderen Menschen auseinanderzusetzen. Die Unterteilung in

Eltern-Ich (kritisierend oder stützend), Kindheits-Ich (natürlich spontan oder angepasst) und in das Erwachsenen-Ich ist sinnvoll. Im Zustand des Erwachsenen-Ichs befinden sich Menschen dann, wenn sie das vernunftorientierte Lebenskonzept gelernt haben, Erfahrungen vorurteilsfrei verarbeiten und Informationen objektiv bewerten können. Die TA wird bis heute in vielen Führungsseminaren gelehrt, weil sie gut verständlich und – mit gutem Willen – leicht anzuwenden ist, sei es in der Führung oder im privaten Alltag.

7/8

«Die Kunst des Liebens» (a) und **«Haben oder Sein»** (b) von Erich Fromm, 1956 und 1976 erstmals erschienen, waren für mich wie eine Offenbarung. Beide Bücher[26] gehören für mich als Einheit zusammen.

Zu (a): Fromm zitiert in seinem wunderschönen Werk «Die Kunst des Liebens» Meister Eckhart, der sagte: «Hast du dich selbst lieb, so hast du alle Menschen lieb wie dich selbst. Solange du einen einzigen Menschen weniger lieb hast als dich selbst, so hast du dich selbst nie wahrhaft lieb gewonnen ...» (vollständiges Zitat in J. Quint, 1977, S. 214). Das klingt ziemlich idealistisch, aber einleuchtend, wenn man davon ausgeht, dass Gott (ich bevorzuge den Begriff ‹das Göttliche›) in jedem Menschen wohnt. Menschen, die schlecht handeln, haben das Göttliche in sich so weit verdeckt, dass sie es nicht mehr spüren. Auch kriminelle und gewalttätige Menschen lieben zu können, heisst aber nicht, ihre Taten gutzuheissen. Es geht darum, trotz allem Übel, das sie anrichten, dieses Göttliche in ihnen zu erkennen und zu lieben. Möglicherweise erreichen nur erleuchtete Menschen dieses hohe Niveau der unbedingten Liebesfähigkeit. Ich selbst kann mich höchstens bemühen, mich diesem hohen Ziel etwas anzunähern. Spannend in diesem Buch für mich sind vor allem Fromms Unterscheidungen zwischen der Liebe zu verschiedenen Personen, insbe-

---

26 https://www.getabstract.com/de/zusammenfassung/die-kunst-des-liebens/11390

sondere zum/zur Partner*in, doch auch zu Eltern, Kindern, Freund*innen, Fremden und anderen.

Zu (b): Ich zitiere hier aus meiner eigenen Semesterarbeit über «Freiheit», die ich 2006 im Rahmen des Nachdiplomstudiums (NDS) geschrieben hatte:

«Wenn ich ‹die zwei grundlegenden Existenzweisen des Habens und des Seins› von Erich Fromm als Lebensstrategien auffasse, dann hat der Mensch, sobald er sich mit der Thematik auseinandersetzt, durchaus die Freiheit der Wahl, nach welchen Strategien er leben will. In der Existenzweise des Habens bzw. der ‹Haben-Strategie› wird seine Beziehung zur Welt die des Besitzergreifens und Besitzens sein, eine Beziehung, in der er jedermann und alles, eingeschlossen sich selbst, zum Besitz machen will. Der Zwang, immerzu besitzen zu müssen, verhindert allerdings in der Folge die Freiheit im hohen Masse.

Bei der Existenzweise des Seins stellt der Mensch, der sich zu dieser Lebensstrategie entscheidet, die Lebendigkeit und authentische Bezogenheit zur Welt ins Zentrum. Von den Verhaltensweisen, die Erich Fromm in ‹Haben oder Sein› beschreibt, will ich hier aus Platzgründen nur ein paar einzelne hervorheben, obwohl – aus meiner Sicht – alle es verdienen würden, erwähnt zu werden:

- Sicherheit, Identitätserleben und Selbstvertrauen, basierend auf dem Glauben an das, was man ist, und auf dem Bedürfnis nach Bezogenheit, auf Interesse, Liebe und Solidarität mit der Umwelt, statt des Verlangens, zu haben, zu besitzen und die Welt zu beherrschen und so zum Sklaven des eigenen Besitzes zu werden.
- Annahme der Tatsache, dass niemand und nichts ausser uns selbst dem Leben Sinn gibt, wobei diese radikale Unabhängigkeit und Nichtheit (no-thingness) die Voraussetzung für ein volles Engagiertsein sein kann, das dem Geben und Teilen gewidmet ist.
- Die Fähigkeit entwickeln, wo immer man ist, ganz gegenwärtig zu sein.

- Bestrebt sein, die eigene Liebesfähigkeit sowie die Fähigkeit zu kritischem und unsentimentalem Denken zu entwickeln.
- Sich selbst kennen, nicht nur sein bewusstes, sondern auch sein unbewusstes Selbst – von dem jeder Mensch ein schlummerndes Wissen in sich trägt.
- Sich eins fühlen mit allem Lebendigen und daher das Ziel aufgeben, die Natur zu erobern, zu unterwerfen, sie auszubeuten, zu vergewaltigen und zu zerstören, und stattdessen zu versuchen, sie zu verstehen und mit ihr zu kooperieren.
- Unter Freiheit nicht Willkür verstehen, sondern die Chance, man selbst zu sein – nicht als ein Bündel zügelloser Begierden, sondern als fein ausbalancierte Struktur, die in jedem Augenblick mit der Alternative Wachstum oder Verfall, Leben oder Tod konfrontiert ist.»[27]

Zugegeben: Auch die freie Entscheidung zur Seinsstrategie verhindert in der Folge die absolute Freiheit, sich auch anders – in der Habenstrategie – verhalten zu können. Man kann aber auch sagen, und darum geht es mir, dass die Existenzweise des Seins ein Dauerprozess ist und vom Individuum immer wieder von Neuem die freie Wahl abverlangt, sich für ein Seins- und nicht für ein Habenverhalten zu entscheiden.

Das Gleiche gilt schliesslich für jede Form der Strategie: Am Anfang besteht die Freiheit des Entscheids, ob sich ein Manager, eine Politikerin oder ein Berater für «Tit-for-Tat»-, «Delphin»- oder alle anderen Formen von «Win-Win»-Strategien entscheidet oder für «Haben»- bzw. «Gewinner-Verlierer»-Strategien.[28]

Diese beiden Bücher von Erich Fromm haben an Aktualität nichts verloren, und das ist wohl auch der Grund, dass zahlreiche Verlage Neuauflagen erstellen, die in allen Buchhandlungen als Taschenbuch gekauft werden können. Diese Bücher muss man im eigenen Bücher-

---

27 Ausschnitte aus: Fromm, Erich: Haben oder Sein, (11. Aufl.) München 1982.)
28 Ausschnitt aus meiner eigene Qualifikationsarbeit ‚Strategie' im NDS, 2005)

regal haben, um immer wieder nachschlagen zu können, es reicht nicht, sie ein einziges Mal ‹online› zu lesen.

9

«Der Mensch vor der Frage nach dem Sinn» von Viktor E. Frankl. Der Psychiater und Begründer der Logotherapie hat als Jude als einzige Person seiner Familie das Konzentrationslager überlebt und ist nach seiner Befreiung in die USA ausgewandert. Seine Logotherapie ist darauf ausgerichtet, dem Menschen in seiner Sinnfindung Beistand zu leisten. Zitiert nach der Website des Viktor Frankl Instituts bedeutet dies: «Die Logotherapie ist von dem Gedanken getragen, dass Sinn eine Wirklichkeit in der Welt ist und nicht nur im Auge des Betrachters liegt. [...] Die LTEA (Logotherapie/Existenzanalyse) sieht den Menschen durch seine Willensfreiheit und Verantwortungsfähigkeit aufgerufen, das Bestmögliche in sich und der Welt zur Geltung zu bringen, indem er in jeder Situation den Sinn des Augenblicks erkennt und verwirklicht. Wesentlich ist hier auch, dass das Sinnangebot des Augenblicks, obwohl objektiv gegeben, situations- und personengebunden ist und als solches einem fortwährenden Wandel unterliegt. Die LTEA offeriert daher keinen allgemeinen Lebenssinn, sondern verhilft dem Patienten zu jener Offenheit und Flexibilität, die Voraussetzung für eine sinnvolle Gestaltung seines Alltags ist. Denn in jeder Situation warten auf jeden Menschen jeweils andere Sinnmöglichkeiten darauf, von ihm erkannt und verwirklicht zu werden.»

Abschliessend noch ein bemerkenswertes Zitat von Frankl: «Das Wissen um eine Lebensaufgabe hat einen eminent psychotherapeutischen und psychohygienischen Wert. Wer um einen Sinn seines Lebens weiss, dem verhilft dieses Bewusstsein mehr als alles andere dazu, äussere Schwierigkeiten und innere Beschwerden zu überwinden.» Eine Kurzfassung davon lautet: «Wer ein Warum hat, erträgt (fast) jedes Wie.»

«Notes to Myself. My Struggle to Become a Person» von Hugh Prather[29], erschienen 1970, ist das einzige dünne Taschenbüchlein, das seit Jahrzehnten auf meinem Nachttisch ruht. Nicht, dass ich jeden Abend darin lesen würde, manchmal liegt es monatelang bescheiden und unangetastet unter einem Stapel anderer Bücher, doch jedes Mal, wenn es mir in die Hände fällt, kann ich es nicht lassen, eine Weile darin zu lesen. Das in Englisch geschriebene Buch bedingt keine fortgeschrittenen Englischkenntnisse, denn die Sprache ist sehr einfach und vielleicht deshalb so prägnant. Es ist eine schonungslose und dennoch respektvolle Reflexion über das eigene Verhalten, Handeln und über seine Beziehungen zu anderen Menschen, wie ich sie noch nie von einem anderen Autor oder einer anderen Autorin gelesen habe. Jeder einzelne Satz oder jede einzelne Aussage in wenigen Zeilen laden zum Nachdenken ein. Es ist schier unmöglich, einfach darüber hinwegzulesen. Hier vier Beispiele:

«Now that I know that I am no wiser than anyone else, does this wisdom make me wiser?»

«I don't need a ‹reason› to be happy. I don't have to consult the future to know how happy I feel now.»

«If the desire to write is not accompanied by actual writing, then the desire is not to write.»

«‹You're wrong› means ‹I don't understand you› – I'm not seeing what you're seeing. But there is nothing wrong with you, you are simply not me and that's not wrong.›»

---

29 https://beruhmte-zitate.de/autoren/hugh-prather/

«Töchter des Buddha» von Karma Lekshe Tsomo (1991). Die Autorin beschreibt das Leben moderner buddhistischer Frauen in Ost und West, ihre (untergeordnete) Stellung, selbst als ordinierte Nonnen, gegenüber Mönchen in buddhistischen Klöstern. Sie bezieht sich auf die «1. Internationale buddhistische Nonnenkonferenz», die 1987 in Bodhgaya, Indien stattfand, die erste Nonnenkonferenz seit 2500 (!) Jahren, also seit Buddhas Lebzeiten. Laut buddhistischen Schriften «lehnte der Buddha hierarchische Strukturen – einschliesslich der Diskriminierung der Frauen konsequent ab. [...] Er gründete einen Nonnenorden, der mit den gleichen Rechten ausgestattet war wie der Mönchsorden. Den Nonnen war es erlaubt zu lehren, ihre Klöster mit Hilfe von Äbtissinnen selbständig zu leiten und Ordinationen durchzuführen, obwohl letztere allerdings vom Mönchsorden noch einmal bestätigt werden mussten (zitiert aus dem oben erwähnten Buch, S. 39).

In späteren Jahrhunderten verlor sich diese Tradition, es ginge zu weit, hier ins Detail zu gehen. Was mich allerdings – als Ex-Katholikin und somit Kritikerin des Zölibats – im Buch fasziniert, ist die buddhistische Definition des Zölibats: «Das Problem der Beziehung zweier Personen ist – gleich ob zwischen Frauen und Männern, Frauen und Frauen, Männern und Männern – im Prinzip das gleiche: Sich Anklammern, unerfüllte Erwartungen, das Leid der Trennung und ähnliches. [...] Die unabhängige Frau fällt Entscheidungen ohne den unsichtbaren Schutz einer Partnerschaft und ohne das unaufhörliche Sich-anpassen-müssen. Wenn sie ledig bleibt, ist sie frei, das Leben direkt zu erfahren und mit ungeteilter Aufmerksamkeit voll und ganz daran teilzunehmen. Der so entstehende ungestörte geistige Freiraum kommt der Meditation und dem Wachstum des gesamten Wesens zugute.» (S. 47–48) Für mich war dies ohne Zweifel auch ein Grund, weshalb ich mich so lange gegen die Ehe gewehrt habe.

«Susan Sontag – Geist und Glamour» Biographie, geschrieben von Daniel Schreiber. Susan Sontag (1933–2004) führte ein vielfältiges, stark verzweigtes Leben mit grossem politischen Engagement, mit unermüdlichem Einsatz für Menschenrechte sowie als Kritikerin der gesellschaftlichen Verhältnisse und der Regierung in den USA. Sie überraschte mit ihrer Offenheit für die Popkultur und analysierte diese mit demselben theoretischen Handwerkszeug – und demselben Enthusiasmus – wie altgediente Philosoph*innen. Sie führte ein Leben als angesehene Intellektuelle, wie ich es mir auch hätte vorstellen können bzw. gewünscht hätte (allerdings nicht ganz so wild, ohne Ehemann in jüngsten Jahren, ohne Kind, mit nicht so vielen Exzessen und natürlich ohne ihre schwere Krebserkrankung). Dazu hätte ich in einem intellektuellen Milieu aufwachsen müssen, was nicht der Fall ist, und dieses Manko bleibt wohl ein Leben lang haften, weil ein natürliches Selbstverständnis, gehört und in der Öffentlichkeit anerkannt zu werden, fehlt. Ohne berühmte Herkunft muss die Sichtbarkeit in der Gesellschaft von null an über Jahre hinweg erarbeitet werden, und selbst bei Erfolgen bleibt eine gewisse Unsicherheit zurück. Doch vielleicht hat dies mehr mit der eigenen Person als mit der Wahrnehmung von aussen zu tun.

*

Es fällt auf, dass ich ausschliesslich Sachliteratur erwähnt habe, einerseits, weil es wirklich diese Bücher sind, die für mich prägend waren, andererseits, weil mir die Auswahl bei Romanen, mich auf zwölf Bücher zu beschränken, noch viel schwerer gefallen wäre. Natürlich habe ich mich zu NSB-Zeiten durch die klassische Literatur gelesen, später durch die Fachliteratur zu Management, Wirtschaft und Ökologie. Und: Seit meinem sogenannten Ruhestand fröne ich endlich der aktuellen Romanlektüre. Diese Bücher beziehe ich zu 90 % von der On-Leihe-Bibliothek der PBZ, weil ich in meiner Wohnung nur noch sehr beschränkt Platz für neue Bücher habe. Doch, in welcher Form auch immer, werde ich, sobald mein eigenes Buch abgeschlossen ist, meine Lesezeit wieder radikal erhöhen – und darauf freue ich mich schon jetzt.

Im Nebel von Hermann Hesse	Im Licht von Helena Neuhaus*
Seltsam, im Nebel zu wandern! Einsam ist jeder Busch und Stein, Kein Baum sieht den anderen, Jeder ist allein.	Schön ist's, im Licht zu wandern! Sichtbar ist jeder Busch und Stein, jeder Baum sieht den anderen, keiner steht allein.
Voll von Freunden war mir die Welt, Als noch mein Leben licht war; Nun, da der Nebel fällt, Ist keiner mehr sichtbar.	Voll von Freunden ist mir die Welt, wenn ich im Lichte wandere, und wenn die Dämmerung fällt, bleibt Hoffnung auf Licht.
Wahrlich, keiner ist weise, Der nicht das Dunkel kennt, Das unentrinnbar und leise Von allem ihn trennt.	Wahrlich, keiner ist weise, der nicht auch das Dunkel kennt, das ihn mahnend daran erinnert, dass auf Licht oft Schatten folgt.
Seltsam, im Nebel zu wandern! Leben ist Einsamsein. Kein Mensch kennt den andern, Jeder ist allein.	Schön ist's, im Licht zu wandern! Leben heisst, achtsam sein, jeder Mensch achtet den anderen und dann ist keiner allein.

* Das Gedicht ist am 1. Januar 2012 in Kappel am Albis während eines Workshops ganz spontan in meinem Kopf entstanden, an einem wunderbaren, lichtdurchfluteten Tag, unter froh gestimmten und sympathischen Menschen. Zum Abschluss hatte ich es den Anwesenden vorgetragen und erst später zu Hause auf Papier geschrieben.

Epilog

«Immer wieder Vollmond»

«Zeit, warum nur fliegst du mir ständig davon? Jedes Mal, wenn ich ankomme – atemlos – bist du schon wieder weg. Nie kann ich dich festhalten. Ohne Agenda und Tagebuch weiss ich nach einer Woche nicht, was in dieser Zeit geschehen ist. Alles geht immer so schnell und verflüchtigt sich.

Dabei beginnt jeder Tag um 06:30 Uhr so motivierend mit meinem Rebounding-Training, das mich stimmungsmässig auf Hochtouren bringt. Fröhlich gehe ich unter die Dusche, zum Frühstück und dann zum liebevollen Begrüssungsritual mit meinem Lebenspartner. Auch nach 18 Jahren im selben Haus und in zwei Wohnungen ist er immer wieder überrascht über meine morgendliche gute Laune.

Und plötzlich ist es Abend. Wir verabschieden uns, friedlich und verliebt, und manchmal bleiben wir zusammen.

Doch was passiert täglich in der Zeit zwischen 08:00 und 20:00 Uhr? Gewiss, da verbringe ich viel Zeit im Büro, da ist ein individuelles Mittagessen und ein gemeinsamer Spaziergang mit E. Im Dezember sind die sogenannten «geruhsamen Feiertage» mit rund 80 Neujahrsbriefen und diversen Einladungen von uns und für uns überaus ausgefüllt. Ab Mitte Januar bis Mitte Februar beanspruchen Buchhaltung (individuell und Hauskosten) sowie Steuererklärung unanständig viel Zeit. In den letzten drei Jahren erkrankten einige liebe Menschen aus unserem engeren Bekanntenkreis und verabschiedeten sich von dieser Welt mit traurigen Abschiedsformen. Jede Woche gibt es zahlreiche E-Mail- und Telefon-Kontakte, die mir wichtig sind, ausserdem sind da liebe Verwandte und Nachbarn, die – immer nur ganz kurz – eine kleine Unterstützung brauchen. Schliesslich schreibe ich für jedes Buch, das ich mehrheitlich am Abend und in der Nacht gelesen habe, eine kurze Zusammenfassung oder kopiere sie aus dem Internet. Diese Zeit zum Lesen ist mir ganz besonders wichtig – ich habe sie jahrzehntelang vermisst.

Und, siehe da! Plötzlich ein freier Tag! Wow! Viel Zeit zum Schreiben! Am Abend habe ich zwar ein aufgeräumtes Büro und einige vergessene Pendenzen aus meiner To-do-Liste erledigt, doch einmal mehr steht kein neuer Mosaikstein für meine Autobiographie bereit. Dabei hatte ich es mir so fest vorgenommen. Doch jetzt wird alles besser. Ganz bestimmt!»

Den Vollmond habe ich als Kind geliebt. Auch heute bewundere ich die wunderschöne weisse Kugel am dunklen Firmament, nur: Die Begeisterung ist getrübt, weil mich der Vollmond jedes Mal daran erinnert, dass schon wieder ein Monat verflossen ist, ohne dass ich mit meinem Buch wesentliche Fortschritte gemacht habe. Doch im Jahr 2020 wird alles anders. Diesmal habe ich mir einen Termin gesetzt, und ich bin wild entschlossen, dass das Buch noch in diesem Jahr herauskommt. (31.08.2020/HN)

 E N D E